Leuchttürme

und Molenfeuer

tosa

INHALT

LINKS

Leuchtturm Burgas

Bulgarien

EINLEITUNG

Ein Leuchtturm kann zwei Funktionen haben: Er signalisiert entweder „Wegbleiben!" oder „Hierher kommen!" – und warnt so vor Felsen und Untiefen oder leitet Schiffe in einen sicheren Hafen. Der erste bekannte Leuchtturm stand in Alexandria in Ägypten und war eines der sieben Weltwunder der Antike. Der 100 m hohe Turm wurde um 280 v. Chr. erbaut und stand bis 1323.

Jahrhundertelang mussten sich die meisten Küstenschiffe jedoch auf das Mondlicht verlassen. Die große Ära des Leuchtturmbaus begann erst Mitte des 18. Jahrhunderts, angeregt durch die Zunahme der kommerziellen Schifffahrt an den Küsten der Welt und unterstützt durch Fortschritte in der Bautechnik. Nun konnten sturmsichere Türme an exponierten und sogar wellengepeitschten Stellen errichtet werden. Diese verfügten auch über verbesserte Lichter, die statt mit offenem Kohlenfeuer zuerst mit Öl, dann mit Gas und Elektrizität betrieben wurden.

Ursprünglich waren die Leuchttürme mit Wärtern besetzt, aber im Laufe des 20. Jahrhunderts wurden fast alle Türme auf Automatikbetrieb umgestellt und der Beruf des Leuchtturmwärters ist nahezu ausgestorben.

OBEN

Leuchtturm Marshall Point

Maine, USA

GEGENÜBERLIEGENDE SEITE

Leuchtturm Newhaven

Newhaven, England

DEUTSCHLAND

An der deutschen Nord- und Ostseeküste stehen rund 200 Leuchttürme, von denen viele noch immer in Betrieb sind. Sie sind nicht nur für die Seefahrt wichtig, sondern auch ein Anziehungspunkt für Touristen und einige können sogar besichtigt werden. Auch an den Flüssen Elbe, Weser und Ems sowie am Bodensee gibt es Leuchttürme. Der älteste Leuchtturm Deutschlands steht in Travemünde an der Ostsee: Er stammt aus dem Jahr 1539 und ist seit 1972 außer Betrieb. Früher waren die Leuchttürme mit Leuchtturmwärtern besetzt, aber mittlerweile sind alle deutschen Türme automatisiert und werden von einer Zentrale aus überwacht. Betrieben werden sämtliche aktiven Leuchttürme an den Küsten Deutschlands von den Wasserstraßen- und Schifffahrtsämtern.

GEGENÜBERLIEGENDE SEITE (LIST OST) UND RECHTS (LIST WEST)

Leuchtturm List Ost und List West

Auf dem Ellenbogen auf Sylt stehen die beiden ältesten Gusseisen-Leuchttürme Deutschlands: List Ost und List West. List Ost wurde 1957 erbaut, ist 13 m hoch und hat eine Feuerhöhe von 22 m. List West ist Deutschlands nördlichster Leuchtturm mit einer Turmhöhe von 11 m und einer Feuerhöhe von 19 m. Optisch unterscheiden sich die beiden Türme durch ein rotes Band, das bei List Ost um den Turmschaft läuft.

Nordsee, Ellenbogen, Sylt

GEGENÜBERLIEGENDE SEITE

Leuchtturm Helgoland

Bereits im 17. Jahrhundert brannte an der Westseite Helgolands ein Steinkohlefeuer in einem Eisenkorb, das den Handelsschiffen in der Nordsee Sicherheit geben sollte. Der heutige Turm wurde auf einem Flakleitstand aus dem Zweiten Weltkrieg errichtet und 1952 in Betrieb genommen. In einer Feuerhöhe von 82 m sendet er alle 5 Sekunden einen weißen Blitz aus.

Nordsee, Oberland

LINKS

Leuchtturm Hörnum

Der 1907 erbaute, gusseiserne Turm steht auf einer 16 m hohen Düne im Süden von Sylt. In ihm war von 1914 bis 1933 die damals kleinste Schule Deutschlands untergebracht. Heute ist das Leuchtfeuer automatisiert und sendet in einer Feuerhöhe von 48 m alle 9 Sekunden zwei Lichtblitze.

Nordsee, Sylt

RECHTS

Leuchtturm Kampen

Im Jahr 1855 wurde dieser südlich von Kampen auf der Insel Sylt gelegene Leuchtturm im Auftrag des dänischen Königs Frederik VII gebaut, wovon noch heute ein Monogramm am Turmschaft zeugt. Ursprünglich war der Turm nach seinem Standort auf dem „Roten Kliff" benannt. Der Leuchtturm ist 40 m hoch und schickt seine Lichtzeichen in einer Feuerhöhe von 62 m über das Seegebiet westlich von Sylt.

Nordsee, Sylt

LINKS

Leuchtturm Amrum

Die Außengalerie und das Laternendeck befinden sich 63 m über dem Meeresspiegel. Die Optik besteht aus einer Fresnel-Linse erster Ordnung von 1867, die heute von einer 230/250 V-Halogen-Metalldampflampe beleuchtet wird. Das Leuchtfeuer wurde 1964, 109 Jahre nach seiner Errichtung, automatisiert.

Nordsee, Nordfriesland

RECHTS

Leuchtturm Pellworm

Der 1907 fertiggestellte gusseiserne Turm wurde von Beginn an elektrisch betrieben, und zwar über Akkus, die tagsüber von zwei Dieselmotoren aufgeladen wurden. Seit 1977 wird sein Feuer ferngesteuert. Seine Feuerhöhe liegt bei 38 m und die Reichweite bei 41 km. Der 41 m hohe Leuchtturm und die Besucherplattform können nach Voranmeldung besichtigt werden.

Nordsee, Nordfriesische Inseln

GEGENÜBERLIEGENDE SEITE

Leuchtturm Westerheversand

Der als Werbemotiv einer Brauerei berühmt gewordene Turm ist 40 m hoch und hat neun Stockwerke. Er liegt auf einer Warft zwischen zwei Leuchtturmwärterhäusern. Allerdings wird der Turm nicht mehr von Wärtern, sondern automatisch betrieben. In den Häusern ist heute eine Naturschutzstation untergebracht. Die in einer Feuerhöhe von 41 m stationierte Gürtellinse hat eine Reichweite von 39 km.

Nordsee, Eiderstedt

LINKS

Leuchtturm Büsum

Der Turm am Büsumer Hafen stammt aus dem Jahr 1913 und besteht aus gusseisernen, verschraubten Platten. Er war früher schwarz und erhielt seinen rot-weißen Anstrich im Jahr 1952. Sein ferngesteuertes Leuchtfeuer geht eine Stunde vor Sonnenuntergang und eine Stunde nach Sonnenaufgang automatisch an bzw. aus. Der Turm ist 21 m hoch und blinkt in einer Feuerhöhe von 22 m.

Nordsee, Dithmarschen

GEGENÜBERLIEGENDE SEITE LINKS

Leuchtturm Roter Sand

Der als „Historisches Wahrzeichen der Ingenieurbaukunst" ausgezeichnete Leuchtturm war zur Zeit seiner Erbauung 1885 das erste auf dem Meeresgrund – in 8 m Tiefe – errichtete Bauwerk. Er wurde ursprünglich mit einem Petroleumbrenner betrieben und erst nach dem Zweiten Weltkrieg elektrifiziert. Dank einer Bürgerinitiative zur Rettung des Roten Sands erhielt der Turm 1987 einen neuen Stahlmantel, da der alte durchgerostet war. Heute dient der Leuchtturm nur noch als Tagessichtzeichen, sein Leuchtfeuer ist nicht mehr in Betrieb.

Nordsee, Deutsche Bucht

GEGENÜBERLIEGENDE SEITE RECHTS

Leuchtturm Hohe Weg

Dieses älteste noch aktive Leuchtfeuer an der deutschen Küste ist seit 1856 in Betrieb und steht heute unter Denkmalschutz. Der 36 m hohe Turm ist auf 120 Holzpfählen gegründet, die in den Boden der Sandbank Hohe Weg gerammt wurden. Das Leuchtfeuer wurde 1941 elektrifiziert. Die ursprüngliche 2,4 m hohe Fresnel-Gürtellinse sowie der 19,3 m hohe Semaphor können heute im Deutschen Schifffahrtsmuseum in Bremerhaven bestaunt werden.

Nordsee, Sandbank Hohe Weg

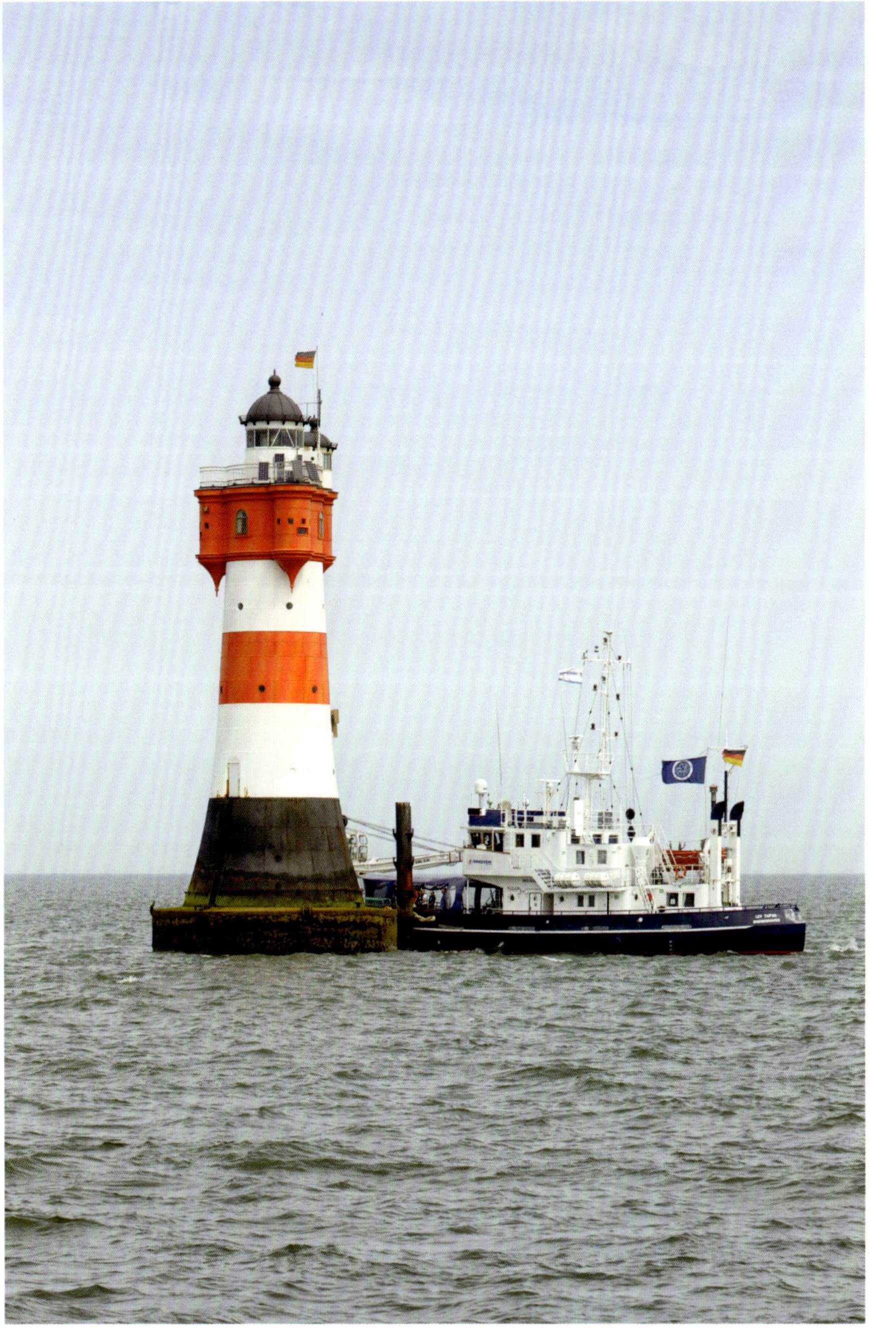

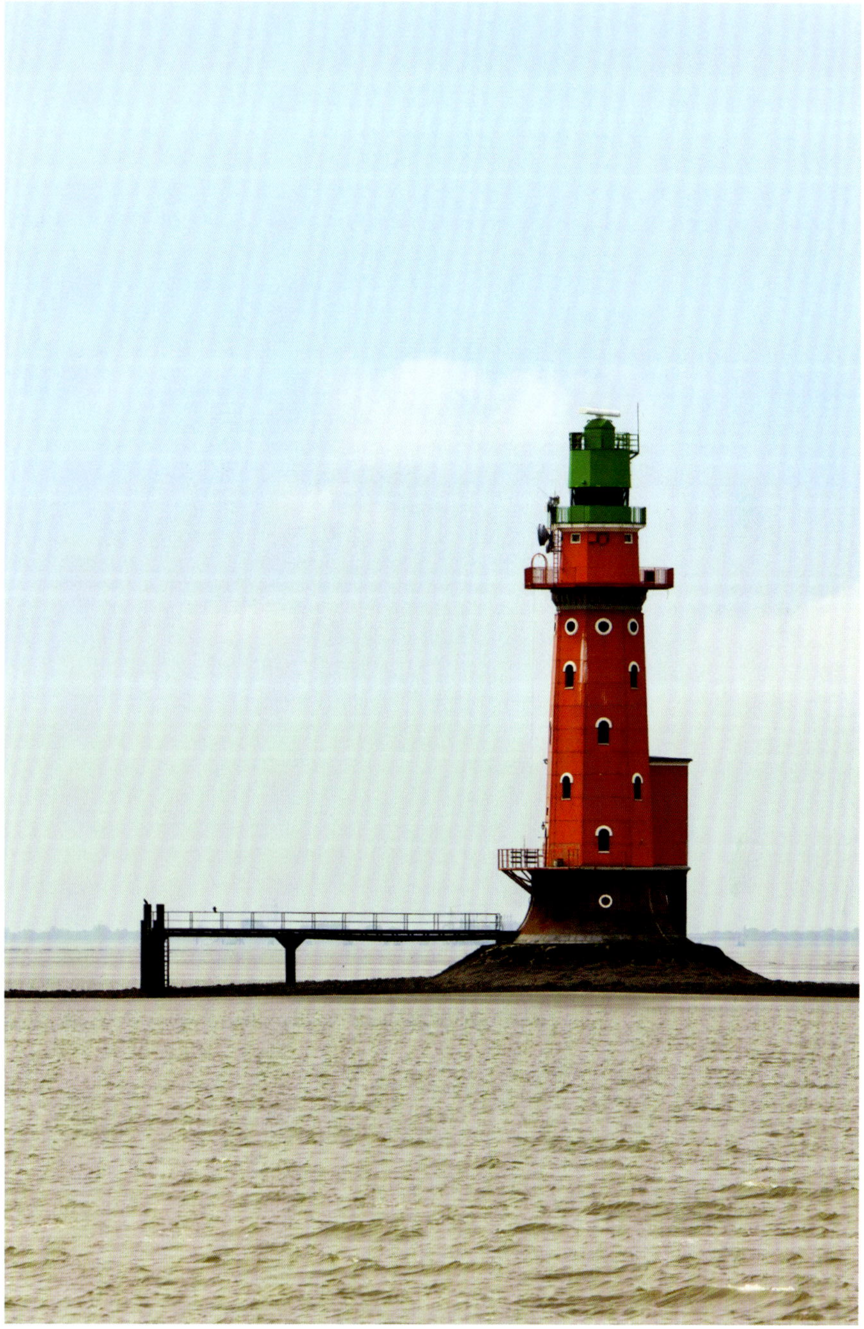

LINKS

Leuchtturm Neuwerk

Das bereits 1310 fertiggestellte Gebäude diente zunächst als Wehrturm gegen Seeräuber und wurde erst 1814 zum Leuchtturm umfunktioniert. Der viereckige Backsteinturm ist nur per Schiff oder bei Ebbe mit dem Pferdewagen erreichbar. Er steht auf der Insel Neuwerk in der Elbmündung, ist 39 m hoch und hat eine Feuerhöhe von 38 m. Die ursprüngliche 5-dochtige Petroleumlampe hatte 1942 ausgedient, als auf Elektrik umgestellt wurde.

Nordsee, Helgoländer Bucht

GEGENÜBERLIEGENDE SEITE LINKS

Leuchtturm Obereversand

Dieser 35 m hohe Leuchtturm hebt sich·schon optisch von den anderen ab: Er ist schwarz, viereckig und steht auf einer Gitterkonstruktion. Zusammen mit dem Eversand-Unterfeuer bildete er von 1887 bis 1923 eine Richtfeuerlinie, doch aufgrund einer Fahrrinnenverlegung wurde er zuerst stillgelegt und dann 2003 nach Dorum-Neufeld, den heutigen Standort, verlegt.

Nordsee, Dorum-Neufeld

GEGENÜBERLIEGENDE SEITE RECHTS

Leuchtturm Kaiserschleuse Ostfeuer

Das 15 m hohe rote Backsteingebäude stammt aus dem Jahre 1900 und steht unter Denkmalschutz. Es steht an der Einfahrt des Kaiserhafens in Bremerhaven und verfügt über eine Nebelglocke, die heute noch in Betrieb ist: Bei Nebel schlägt sie viermal schnell hintereinander. Ihr verdankt der Turm auch seinen Spitznamen „Pingelturm" bzw. „Klingelturm".

Nordsee, Bremerhaven

LINKS

Leuchtturm Bremerhaven Oberfeuer

Der nach dem Architekten Simon Loschen auch „Loschenturm" genannte und in Backsteingotik erbaute Turm ist eines der Wahrzeichen Bremerhavens. Bei der Inbetriebnahme 1856 mit Gas beleuchtet, wurde er im Jahre 1925 elektrifiziert und wird seit 1951 automatisch betrieben. Der 37 m hohe Leuchtturm hat eine Feuerhöhe von 34 m und eine Reichweite von 15 km.

Nordsee, Bremerhaven

GEGENÜBERLIEGENDE SEITE LINKS

Leuchtturm Bremerhaven Unterfeuer

Dieser Leuchtturm steht optisch in starkem Kontrast zu dem Oberfeuer, mit dem er eine Richtfeuerlinie bildet. Im Gegensatz zu dessen neugotischem Stil mutet das Unterfeuer eher modern an und erinnert an ein „Minarett", weswegen es auch so genannt wird. 1893 wurde der ursprünglich 23 m hohe Turm erbaut und 1993 um 3 m erhöht. Er wird mit einem Doppelsignalscheinwerfer betrieben.

Nordsee, Bremerhaven

GEGENÜBERLIEGENDE SEITE RECHTS

Leuchtturm Arngast

Eine untergegangene Insel ist die Namensgeberin für diesen Leuchtturm. Er steht im Jadebusen auf einer Sandbank und kann nur per Schiff oder auf einer geführten Wattwanderung erreicht werden. Bei der Inbetriebnahme 1910 wurde der Turm von zwei Dieselmotoren und ab 1966 mit einem mehrere Kilometer langen Stromkabel vom Festland aus mit Strom versorgt. In 30 m Feuerhöhe schickt das Leuchtfeuer seine Signale bis zu 29 km weit in die Nordsee.

Nordsee, Ostfriesische Inseln

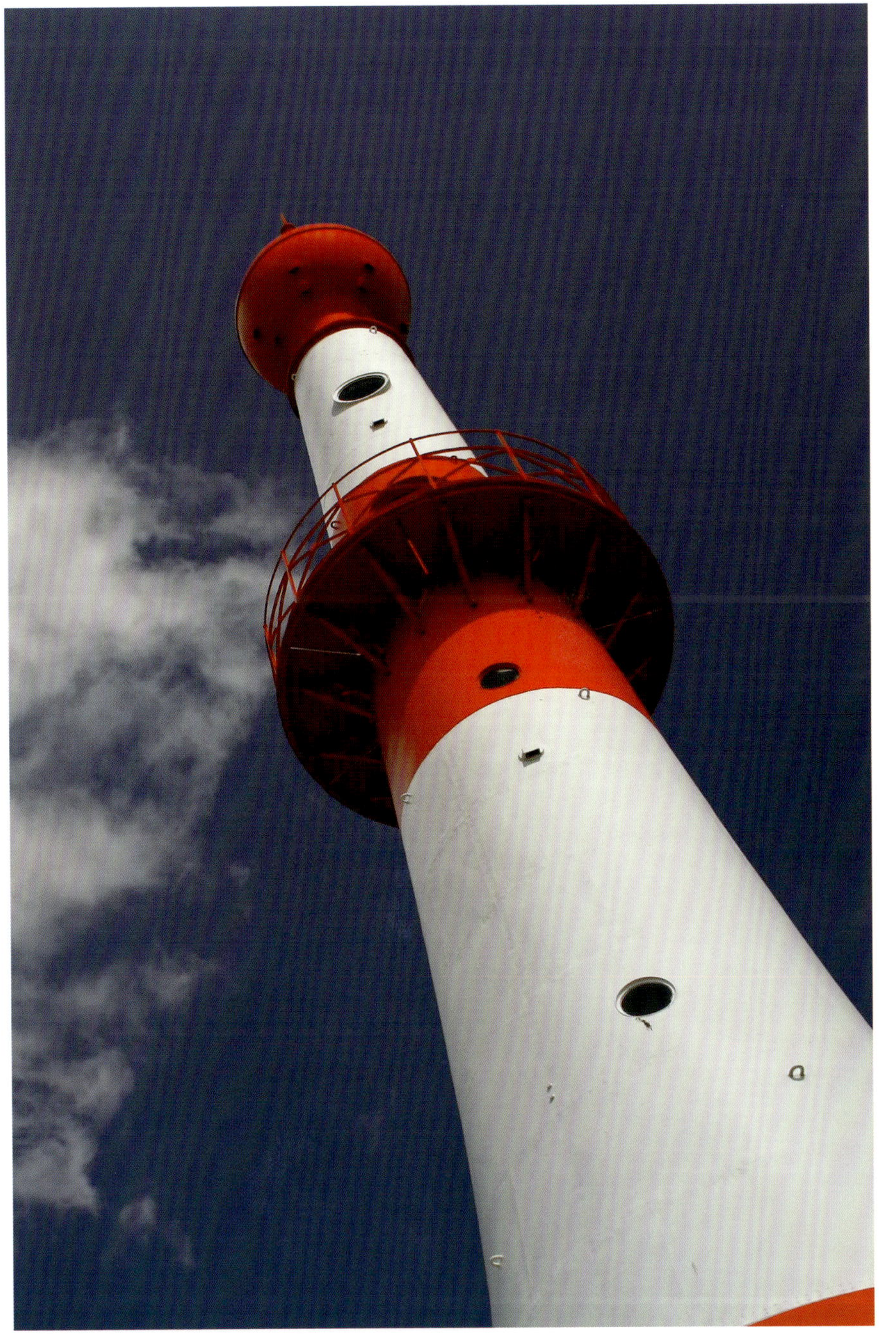

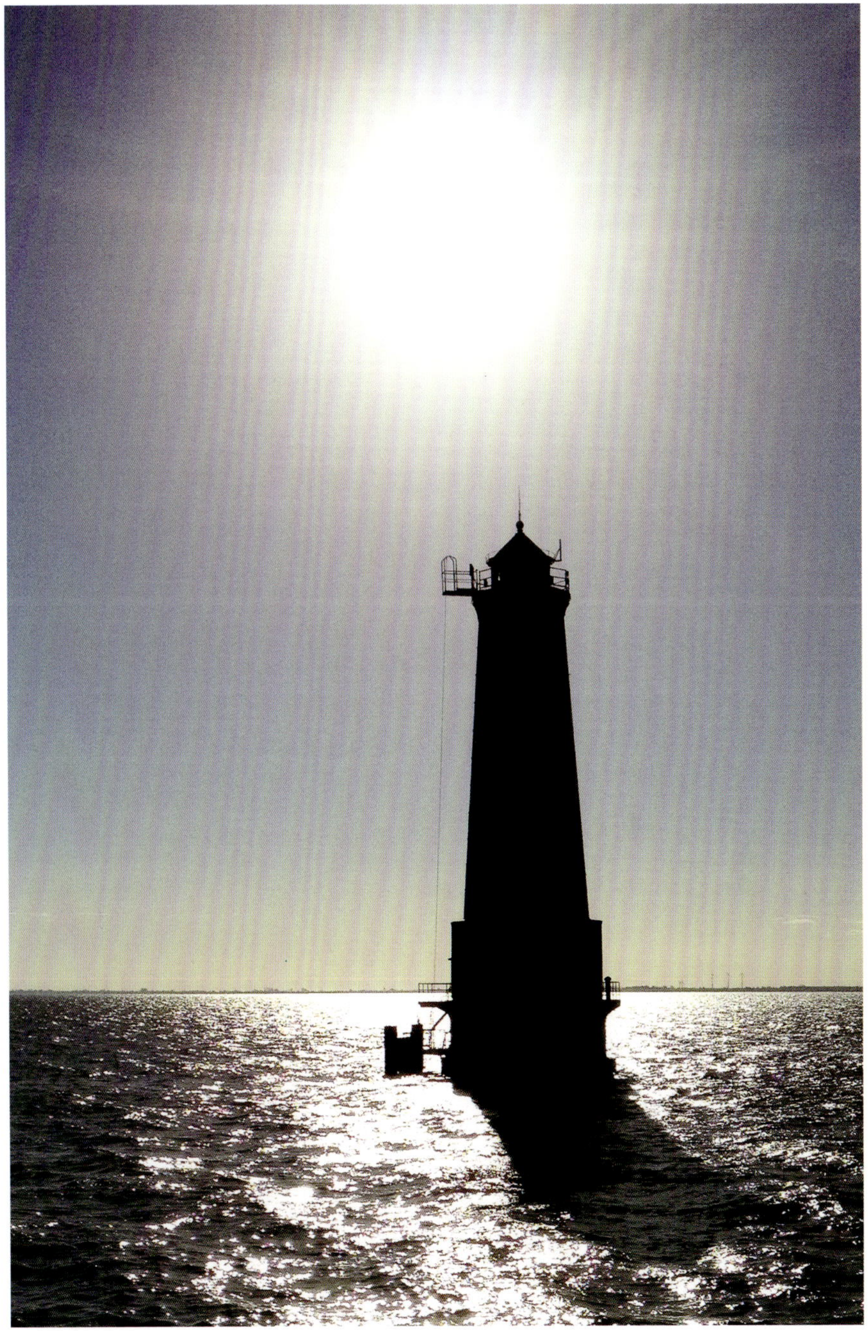

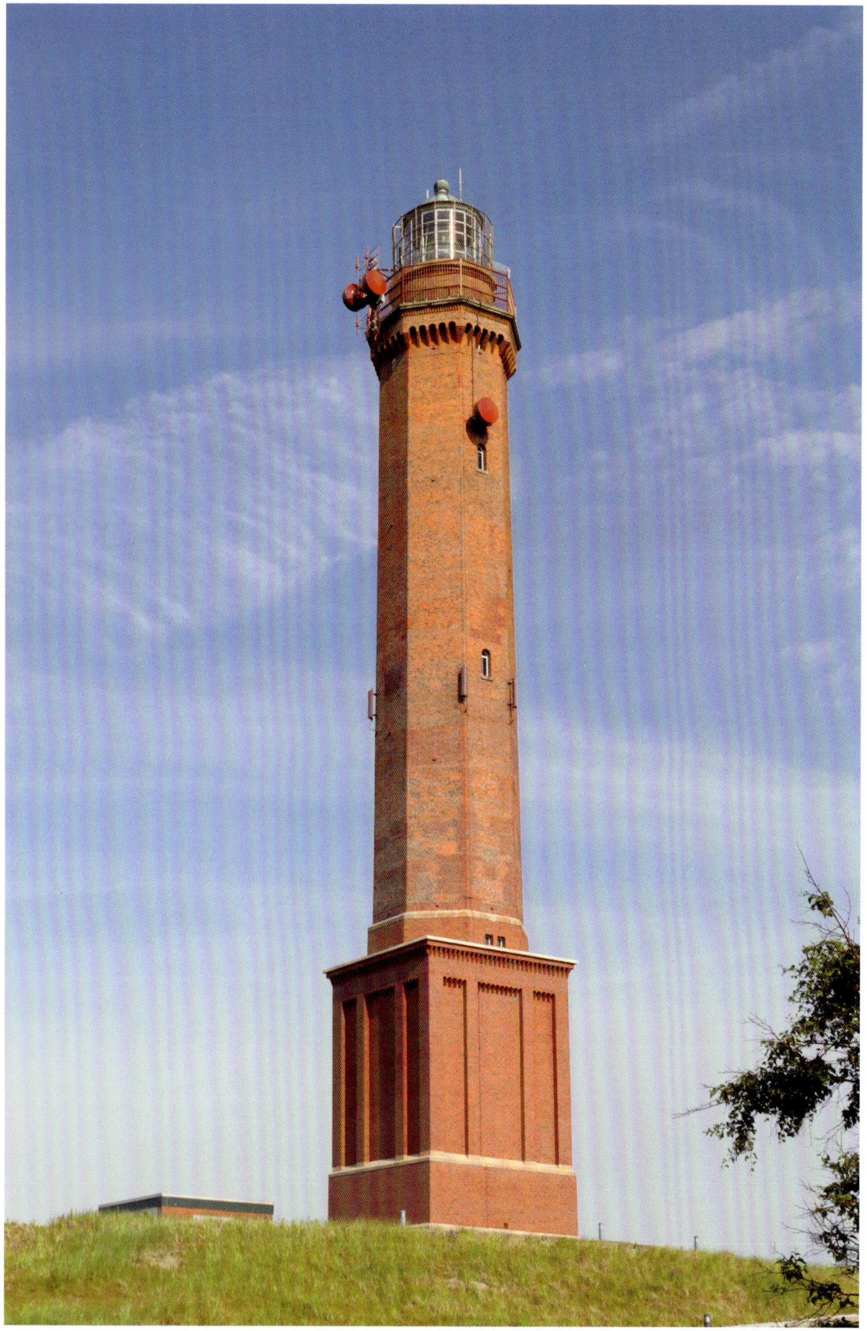

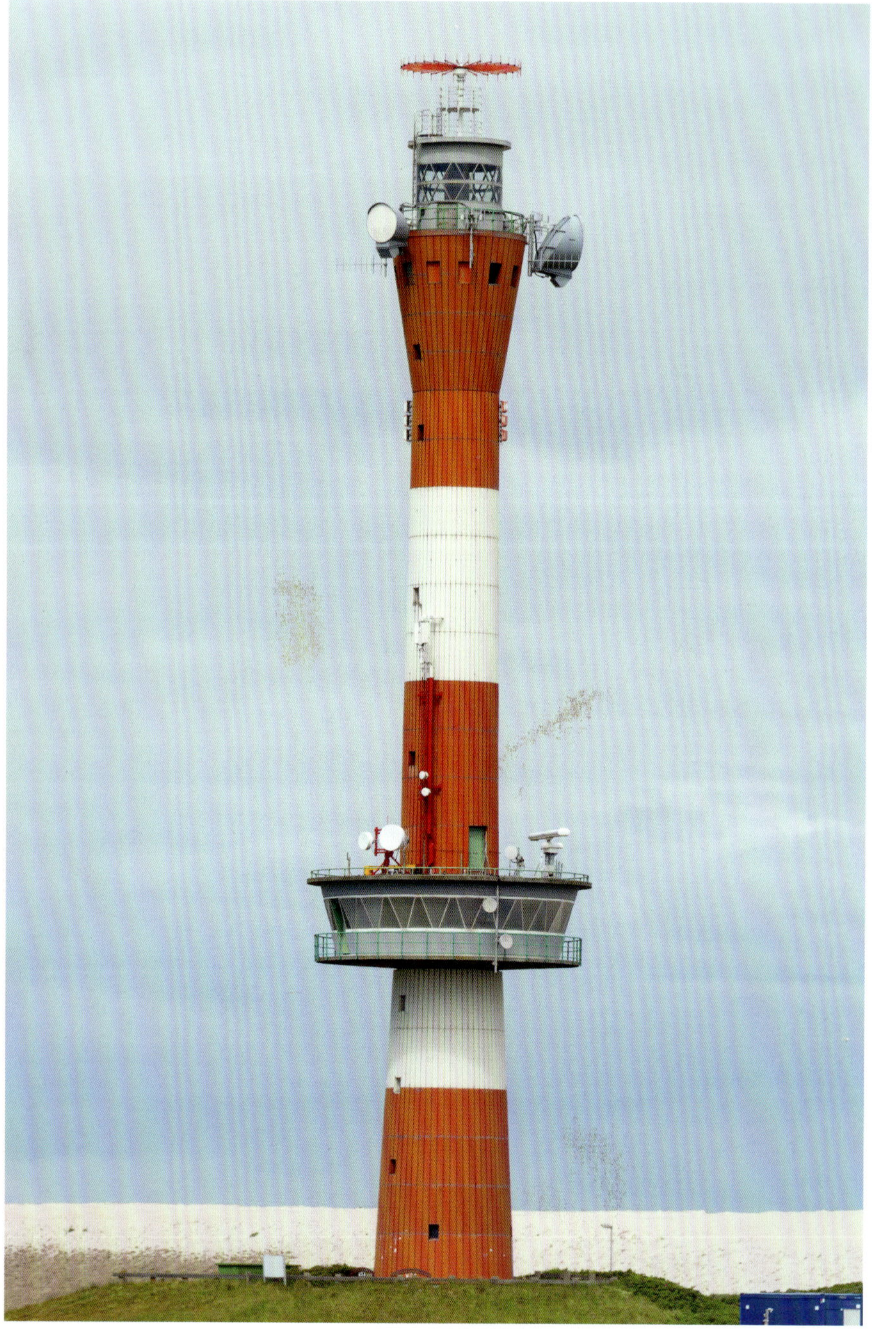

GEGENÜBERLIEGENDE SEITE LINKS

Leuchtturm Norderney

Mitten auf der Insel Norderney ragt seit 1874 der 54 m hohe Leuchtturm empor. Er steht auf einer hohen Düne, sodass seine Feuerhöhe 59 m beträgt. Der Laternenraum ist mit einem 3,5 Tonnen schweren Fresnellinsenapparat bestückt, der in Paris gefertigt wurde. Wer den Aufstieg über die 252 Stufen nicht scheut, kann von der Aussichtsplattform einen Blick auf die Technik werfen.

Nordsee, Ostfriesische Inseln

GEGENÜBERLIEGENDE SEITE RECHTS

Neuer Leuchtturm Wangerooge

Der Ausbau des Jadefahrwassers erforderte einen neuen Leuchtturm, der 1969 mit damals neuester Technik in Betrieb genommen wurde. Um den Laternenraum des 64 m hohen, rot-weiß gestreiften Stahlbetonturms zu erreichen, muss man 284 Stufen überwinden. Mit einer Feuerhöhe von 60 m gehört der Leuchtturm zu den höchsten in Deutschland.

Nordsee, Ostfriesische Inseln

RECHTS

Alter Leuchtturm Wangerooge

Das Leuchtfeuer wurde 1856 in Betrieb genommen. Um ihn herum siedelten sich bald die nach einer großen Flut überlebenden Inselbewohner an. Der 30 m hohe Turm wurde in den 1920er-Jahren nochmals um 9 m aufgestockt und erhielt eine neue Laterne. Doch schon bald reichten seine Technik und seine Höhe nicht mehr aus, um die Schiffe sicher zu leiten – er wurde nach dem Bau des neuen Leuchtturms 1969 endgültig abgeschaltet. Heute beherbergt er ein Museum und ist ein beliebtes Ausflugsziel.

Nordsee, Ostfriesische Inseln

GEGENÜBERLIEGENDE SEITE

Leuchtturm Pilsum

Trotz seiner geringen Höhe von 11 m ist der Leuchtturm aus dem Jahr 1890 heute das Wahrzeichen Ostfrieslands. Das hat er vor allem dem bekanntesten Ostfriesen, dem Komiker Otto, zu verdanken, der in seinem Film *Otto – Der Außerfriesische* in diesem Turm wohnte. Der seit 1919 stillgelegte Turm erhielt seinen berühmten rot-gelb gestreiften Anstrich im Rahmen seiner Sanierung im Jahr 1973.

Nordsee, Ostfriesland

LINKS

Kleiner Leuchtturm Borkum

Das auch unter dem Namen „Elektrischer Leuchtturm" bekannte Leuchtfeuer war der Prototyp von neun in Fertigbauweise mit Gusseisensegmenten errichteten Türmen. Zugleich war er der erste zum elektrischen Betrieb gebaute Leuchtturm in Deutschland. Der Turm wurde 1890 erbaut und erhielt 10 Jahre später die erste amtliche Küstenfunkstelle der Welt. Wegen einer Fahrwasserveränderung wurde dieses geschichtsträchtige Leuchtfeuer 2003 abgeschaltet.

Nordsee, Ostfriesische Inseln

RECHTS

Großer Leuchtturm Borkum

Dieser Leuchtturm wurde 1879 anstelle des alten Leuchtturms, der abgebrannt war, in nur fünf Monaten erbaut. Die kurze Bauzeit war deshalb möglich, weil die Pläne für einen zweiten Leuchtturm bereits in der Schublade lagen. Der 60 m hohe Turm steht auf einem 15 m hohen sechseckigen Sockel und weist mit einer Feuerhöhe von 63 m den Schiffen vor der Emsmündung den Weg. Über 315 Treppenstufen kann der Leuchtturm bestiegen und besichtigt werden.

Nordsee, Ostfriesische Inseln

LINKS

Leuchtturm Campen

Der mit 65,5 m höchste Leuchtturm Deutschlands steht an der Emsmündung und wird auch „Eiffelturm der Nordsee" genannt – und wurde wie dieser im Jahr 1889 erbaut. Der dreibeinige Turm aus rot lackiertem Stahlfachwerk leuchtet in einer Feuerhöhe von 62 m. Ursprünglich wurde der Strom mit einer Dampfmaschine erzeugt, die 1906 durch einen Dieselmotor ersetzt wurde. Heute wird die Anlage über das Stromnetz versorgt und der Dieselmotor kommt einmal im Jahr, am Tag des Denkmals, zum Einsatz.

Nordsee, Ostfriesland

RECHTS

Leuchtturm Cuxhaven

Da der Leuchtturm 1804 von der Hansestadt Hamburg erbaut wurde, ist er auch heute noch unter dem Namen *Hamburger Leuchtturm* bekannt. Über dem Eingangstor ist das Hamburger Wappen angebracht. Der Turm hat einen Meter dicke Mauern, ist 23 m hoch und hat eine Feuerhöhe von 24 m. Er wurde 2001 außer Betrieb gestellt und befindet sich heute in Privatbesitz.

Nordsee, Alte Liebe, Cuxhaven

GEGENÜBERLIEGENDE SEITE

Leuchtturm Schleimünde

Der 14,3 m hohe, ehemals schwarz-weiße Leuchtturm aus dem Jahr 1871 wurde 2014 aufwändig restauriert und erhielt seinen heutigen grün-weißen Anstrich. Er liegt auf einer Halbinsel an der Mündung der Schlei, einem Ostsee-Arm, der ins Land hineinragt. Das ursprüngliche Petroleumfeuer ist inzwischen einer Halogenglühlampe gewichen, die in einer Feuerhöhe von 15 m blinkt.

Ostsee, Schleimündung

LINKS

Leuchtturm Holtenau

An der Zufahrt zum Nord-Ostsee-Kanal wurde dieser Leuchtturm 1895 als Einfahrtsfeuer errichtet. In dem architektonisch interessanten Backsteinbau befindet sich die Drei-Kaiser-Gedächtnishalle, die an die drei während der Bauzeit des Kanals regierenden Kaiser erinnern soll: Wilhelm I, Friedrich III und Wilhelm II. Die Fresnel-Gürtellinse des 20 m hohen Turms blinkt in einer Feuerhöhe von 22 m.

Ostsee, Kiel-Holtenau

GEGENÜBERLIEGENDE SEITE LINKS

Leuchtturm Neuland

Der 40 m hohe, achteckige Backsteinturm wurde 1918 in Betrieb genommen. Seine Gürtellinse wurde 1999 durch ein Drehspiegelfeuer ersetzt. Damit einher ging eine Nutzungsänderung: Das Leuchtfeuer dient nun nicht mehr der Schifffahrt als Orientierungsfeuer, sondern warnt vor Schießübungen im angrenzenden militärischen Sperrgebiet.

Ostsee, Behrensdorf

Leuchtturm Westermarkelsdorf

Das 1881 errichtete Leuchtfeuer im Nordwesten der Insel war ursprünglich mit 12 m Höhe nicht viel höher als das Haus des Leuchtturmwärters. Deshalb wurde es 1902 auf 18 m erhöht. Die Petroleumlampe in der Laterne wurde 1924 durch eine Fresnel-Gürtellinse ersetzt, die immer noch in Betrieb ist. Der Leuchtturm steht heute unter Denkmalschutz.

Ostsee, Fehmarn

LINKS UND UNTEN

Leuchtturm Flügge

Im Südwesten von Fehmarn stand 30 Jahre lang ein 16 m hoher Leuchtturm, der 1915 einem mehr als doppelt so hohen Turm weichen musste. Der neue Turm ist achteckig und aus Backsteinen gemauert. Er wird heute automatisch gesteuert und ist – im Gegensatz zu den meisten anderen Leuchtfeuern – auch tagsüber in Betrieb. Wer die 162 Stufen der innenliegenden Spiraltreppe hinaufsteigt, wird auf der Aussichtsplattform mit einem weiten Blick auf den Fehmarnsund belohnt.

Ostsee, Fehmarn

GEGENÜBERLIEGENDE SEITE

Leuchtturm Staberhuk

Der Leuchtturm aus dem Jahr 1903 ist mit einer 2,5 m hohen gusseisernen Laterne mit Fresnel-Gürtellinse ausgestattet, die vorher im englischen Leuchtturm von Helgoland eingebaut war. Berühmt wurde der 22,6 m hohe Turm durch den expressionistischen Maler Ernst Ludwig Kirchner, der von 1912 bis 1914 im angrenzenden Wärterhäuschen seine Sommer verbrachte und unter anderem den Leuchtturm Staberhuk auf der Leinwand verewigte.

Ostsee, Fehmarn

Leuchtturm Dahmeshöved

Am Dahmer Kliff steht der achteckige Leuchtturm, der 28,8 m hoch ist und eine Feuerhöhe von 33,7 m hat. Zu Zeiten der DDR war sein Licht ein Orientierungspunkt für Menschen, die von dort über die Ostsee geflohen sind. Der Wachturm neben dem Leuchtfeuer dient früher zur Wetterbeobachtung und zur Aktivierung eines Nebelhorns, welches inzwischen außer Betrieb ist.

Ostsee, Dahme

Alter Leuchtturm Travemünde

Ein erstes Hafenzeichen stand hier bereits 1226. Im Jahre 1827 entstand dann der 31 m hohe, klassizistische Leuchtturm, der inzwischen älteste Deutschlands. 1972 wurde sein Betrieb eingestellt, da der Bau eines Hotels den Turm verdeckte. Stattdessen wurde ein Licht auf dem Hotel, in 115 m Höhe, installiert. Der Leuchtturm beherbergt heute ein Museum.

Ostsee, Lübecker Bucht

Molenfeuer Travemünde

Das neue Leuchtfeuer auf dem Kopf der Nordermole wurde 2013 in Betrieb genommen. Ein Jahr zuvor war der durch Korrosion stark beschädigte alte Turm abgerissen worden. Das neue Molenfeuer aus Stahl ist 12 m hoch und mit einem Sichtweitenmessgerät, zwei Nebelfeuern und einem 4 m hohen Windmessmast ausgestattet.

Ostsee, Travemündung

Leuchtturm Timmendorf

An der Einfahrt zur Wismarbucht leuchtet der Turm seit 1872 in einer Feuerhöhe von 21 m. Ende der 1990er-Jahre wurde der Turm stabilisiert, teilweise sogar neu gemauert und mit einer neuen Leuchtfeuertechnik versehen. Der Leuchtturm steht heute unter Denkmalschutz.

Ostsee, Poel

OBEN LINKS

Leuchtturm Buk

Der Backsteinturm ist zwar nur knapp 21 m hoch, erreicht aber eine Feuerhöhe von 95 m, da er auf einem 78 m hohen Berg steht. Er ist damit der höchstgelegene Leuchtturm Deutschlands. Seine Leuchte sendet alle 45 Minuten vier Lichtblitze aus, mit denen er vor allem vor der in der Wismar-Bucht gelegenen Sandbank „Hannibal" warnt. Der unter Denkmalschutz stehende Turm kann besichtigt werden.

Ostsee, Bastorf

UNTEN LINKS

Leuchtturm Warnemünde Seefeuer

Bereits 1358 stand hier eine Leuchte in Form eines Holzgestells mit einem Feuerkorb. Seit 1898 sendet der heutige 31 m hohe Turm in einer Feuerhöhe von 34 m sein Licht aus, das bis zu 37 km weit sichtbar ist. In dem aus Ziegeln und Sandstein errichteten Leuchtturm führt eine Wendeltreppe aus Granit hinauf zu den beiden umlaufenden Galerien und in den Laternenraum. Der Turm kann besichtigt werden.

Ostsee, Rostock

GEGENÜBERLIEGENDE SEITE

Leuchtturm Molenfeuer Warnemünde

Die beiden kleinen, fast identischen Leuchttürme an der Einfahrt von der Mecklenburger Bucht in die Unterwarnow sind eigentlich keine Leuchttürme, sondern Molenfeuer. Das grün-weiße Licht an der Westmole wurde 1985 gebaut und 1998 auf die neue Mole umgesetzt. Das rot-weiß-rote Molenfeuer steht ebenfalls seit 1998 auf der Ostmole. Die Türme senden grüne bzw. rote Blitze aus, im Gleichtakt von 4 Sekunden.

Ostsee, Mecklenburger Bucht

LINKS

Leuchtturm Darßer Ort

Der rote, runde Ziegelturm wurde 1849 in Betrieb genommen. Er ist 35 m hoch und leuchtet in einer Feuerhöhe von 33 m. Ursprünglich mit Petroleum betrieben, wurde das Leuchtfeuer 1936 auf elektrischen Betrieb umgerüstet. Der mittlerweile ferngesteuerte Turm sendet alle 22 Sekunden zwei und vier Blitze aus. Das frühere Wärterhaus beherbergt heute die Ausstellung Natureum.

Ostsee, Fischland-Darß-Zingst

GEGENÜBERLIEGENDE SEITE

Leuchtturm Dornbusch

Der Leuchtturm wurde 1888 an der Nordspitze Hiddensees erbaut, um die unbeleuchtete Lücke zwischen dem Darßer Ort und Kap Arkona zu schließen. Der 27,5 m hohe Turm steht auf dem 72 m hohen Bakenberg und erreicht deshalb die beachtliche Feuerhöhe von 95 m. Der Leuchtturm ist auch das Wahrzeichen von Hiddensee. Er kann über 102 Stufen bestiegen werden.

Ostsee, Hiddensee

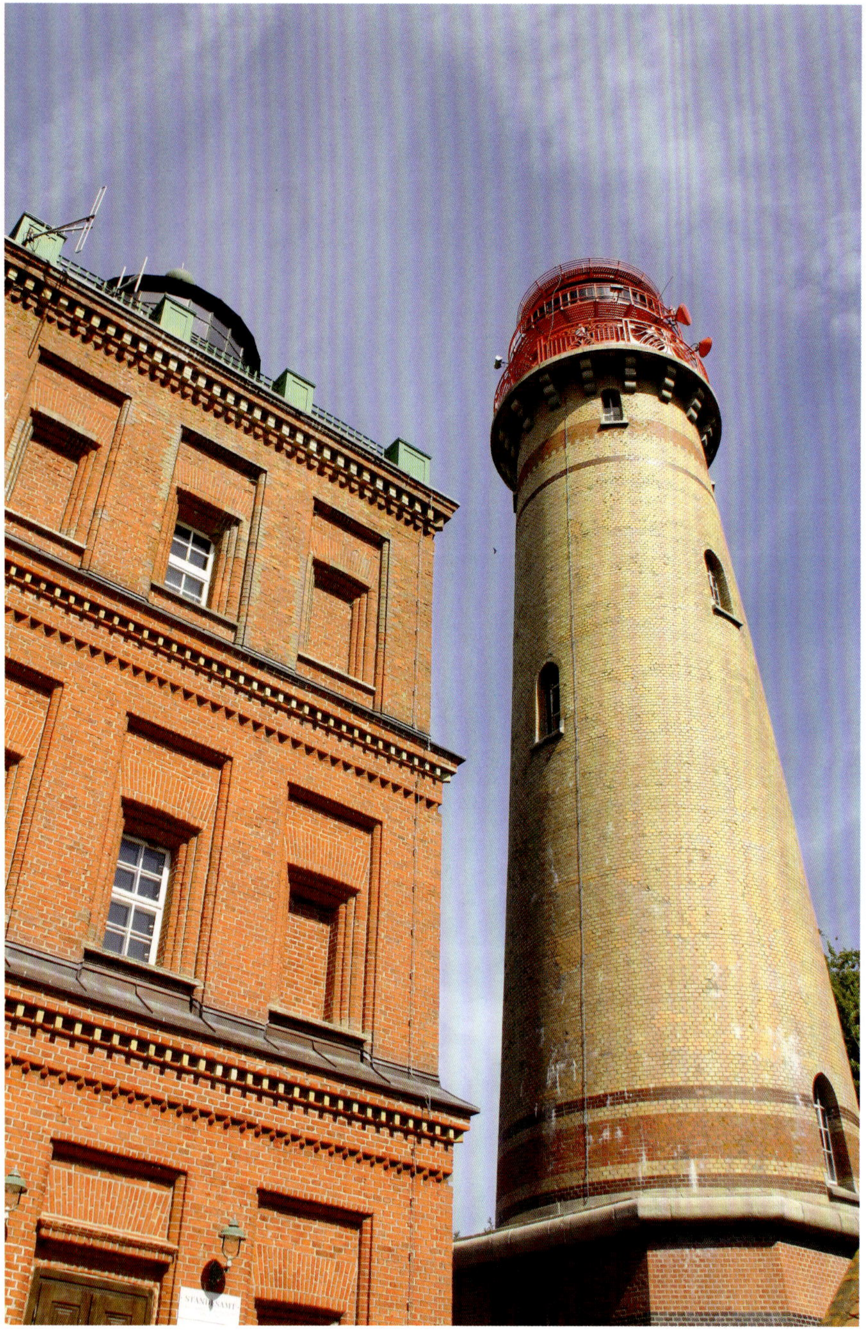

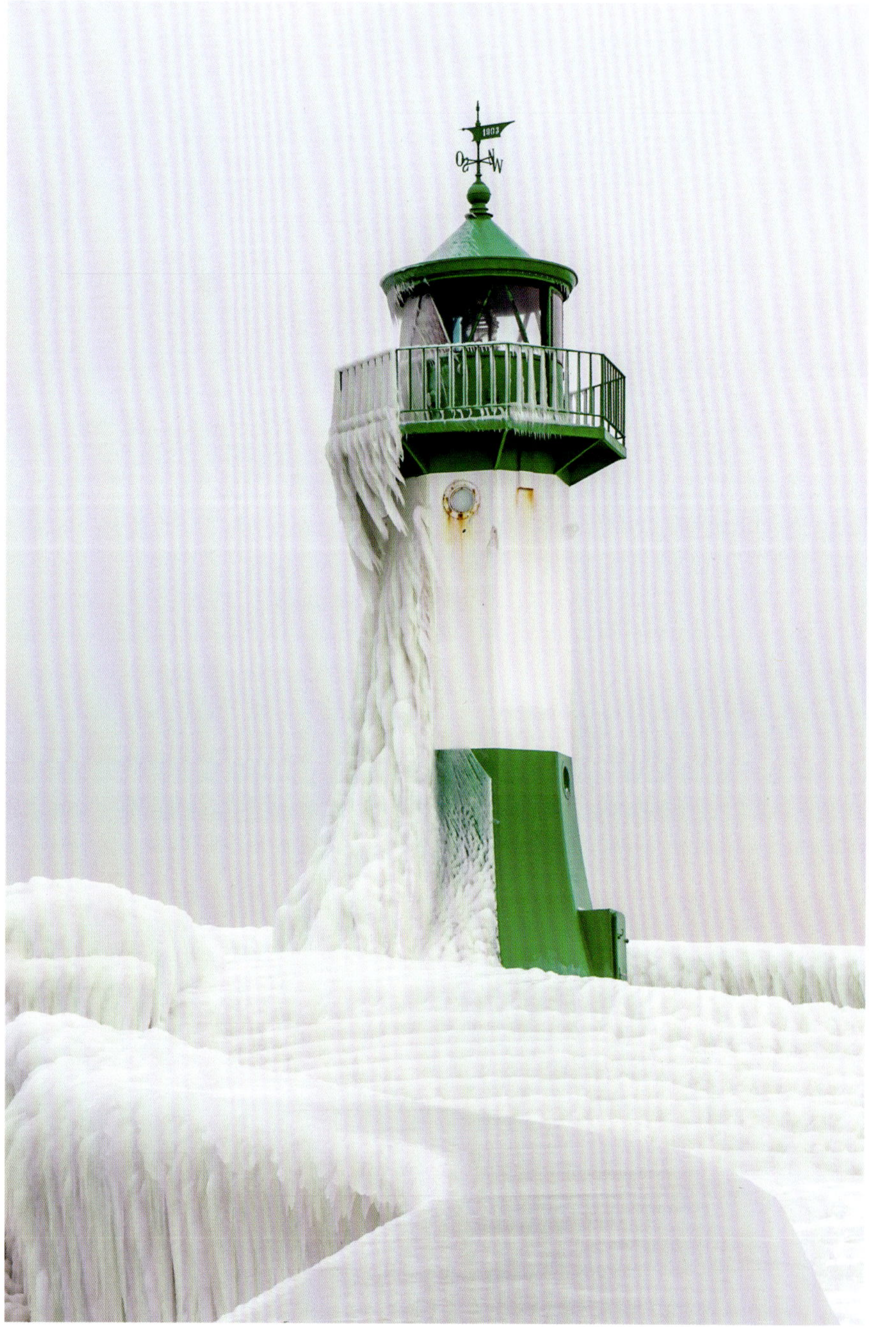

GEGENÜBERLIEGENDE SEITE LINKS

Leuchttürme Arkona

Der kleinere, 22,5 m hohe Turm wird auch Schinkelturm genannt, da er 1827 vermutlich nach den Plänen des Baumeisters Karl Friedrich Schinkel errichtet worden ist. Er ist der zweitälteste Leuchtturm an der Ostsee. Der neue, 35 m hohe Klinkerturm verfügt über eine technische Besonderheit: ein Drehlinsen-Blitzfeuer mit Quecksilberlager, das inzwischen allerdings durch ein Kugellager ersetzt wurde. In einer Feuerhöhe von 75 m sendet das Leuchtfeuer alle 17 Sekunden drei Lichtblitze aus.

Ostsee, Rügen

GEGENÜBERLIEGENDE SEITE RECHTS

Leuchtturm Sassnitz

Dieser 12 m hohe, achteckige, grüne Stahlturm trägt ein breites weißes Band. Er wurde 1937 am Ende der Sassnitzer Ostmole erbaut und ersetzte ein Molenfeuer aus dem Jahr 1903. Die Laterne des alten Molenfeuers wurde übernommen und in den neuen Turm integriert.

Ostsee, Rügen

RECHTS

Leuchtturm Lindau

Der südlichste Leuchtturm Deutschlands ist ein 33 m hoher Steinturm mit einer Pechnase unterhalb der Galerie. Er wurde 1856 eingeweiht und verfügt über ein einzigartiges Ziffernblatt auf der Seeseite. Alle 3 Sekunden sendet er einen weißen Lichtblitz aus.

Bodensee, Bayern

GROSSBRITANNIEN UND IRLAND

Der älteste Leuchtturm der Britischen Inseln befindet sich in Dover: Hier trifft man auf die Überreste eines Leuchtturms, der um 50 n. Chr. von den Römern erbaut wurde und später nur noch als Wachturm genutzt wurde. Während Feuerschalen an Orten wie Dungeness, das 1616 Kohle einsetzte, verwendet wurden, begann der moderne Leuchtturmbau 1698, mit dem Eddystone Reef vor Plymouth als Experimentierfeld. Die ersten Leuchttürme waren aus Holz, aber 1759 etablierte sich der von John Smeaton entworfene konische, zylindrische Steinturm als zuverlässigste Form. Die große Zeit des Leuchtturmbaus begann Ende des 18. Jahrhunderts, als der Bedarf an regelmäßig arbeitenden Küstenfeuern, kombiniert mit neuen Techniken, ein Programm für den Leuchtturmbau entstehen ließ. Dem Bau von Leuchtfeuern an Gezeitenriffen wurde in Schottland von der Stevenson-Ingenieursdynastie 1811 der Weg bereitet, beginnend mit dem Leuchtturm Bell Rock. Walöl war der erste Lampenkraftstoff, gefolgt von Kerosin in den 1860er-Jahren und Acetylengas im Jahr 1896. Ab 1899 kam die elektrische Glühbirne zum Einsatz, doch viele Leuchten wurden erst bis weit in das 20. Jahrhundert hinein elektrifiziert.

Hafenlichter stehen normalerweise unter lokaler Kontrolle, aber Seeleuchttürme in England und Wales werden von der Trinity House Corporation verwaltet, die Türme in Schottland und auf der Isle of Man vom Northern Lighthouse Board und die in Irland von den Commissioners of Irish Lights.

GEGENÜBERLIEGENDE SEITE

Leuchtturm Trwyn Du

Dieser Leuchtturm zwischen Anglesey und Puffin Island wurde 1838 erbaut, um den Eingang zur Menai-Straße zu markieren. Der 29 m hohe, runde Steinturm wurde 1922 automatisiert. Sein Strahl ist ein weißer Lichtblitz alle 5 Sekunden.

Anglesey, Wales

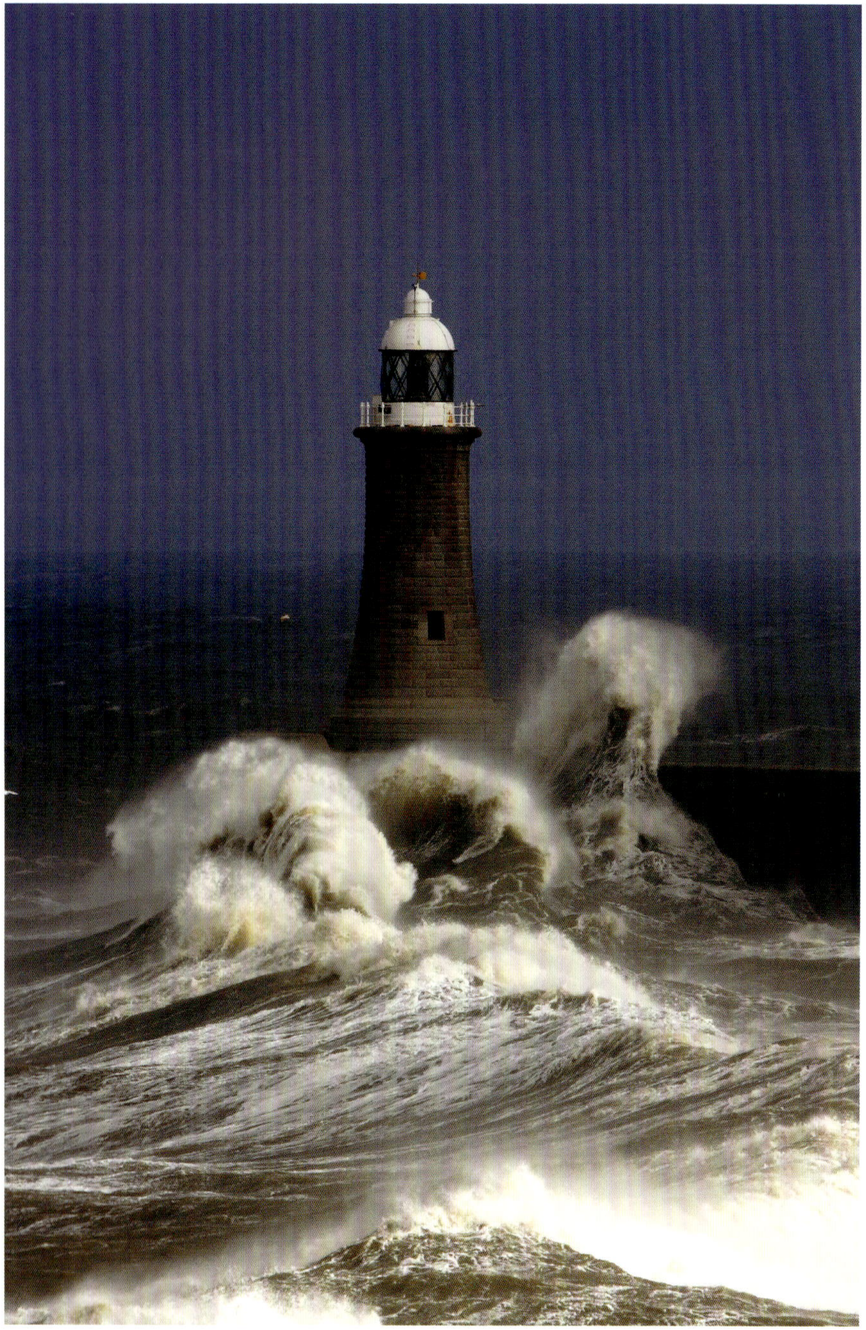

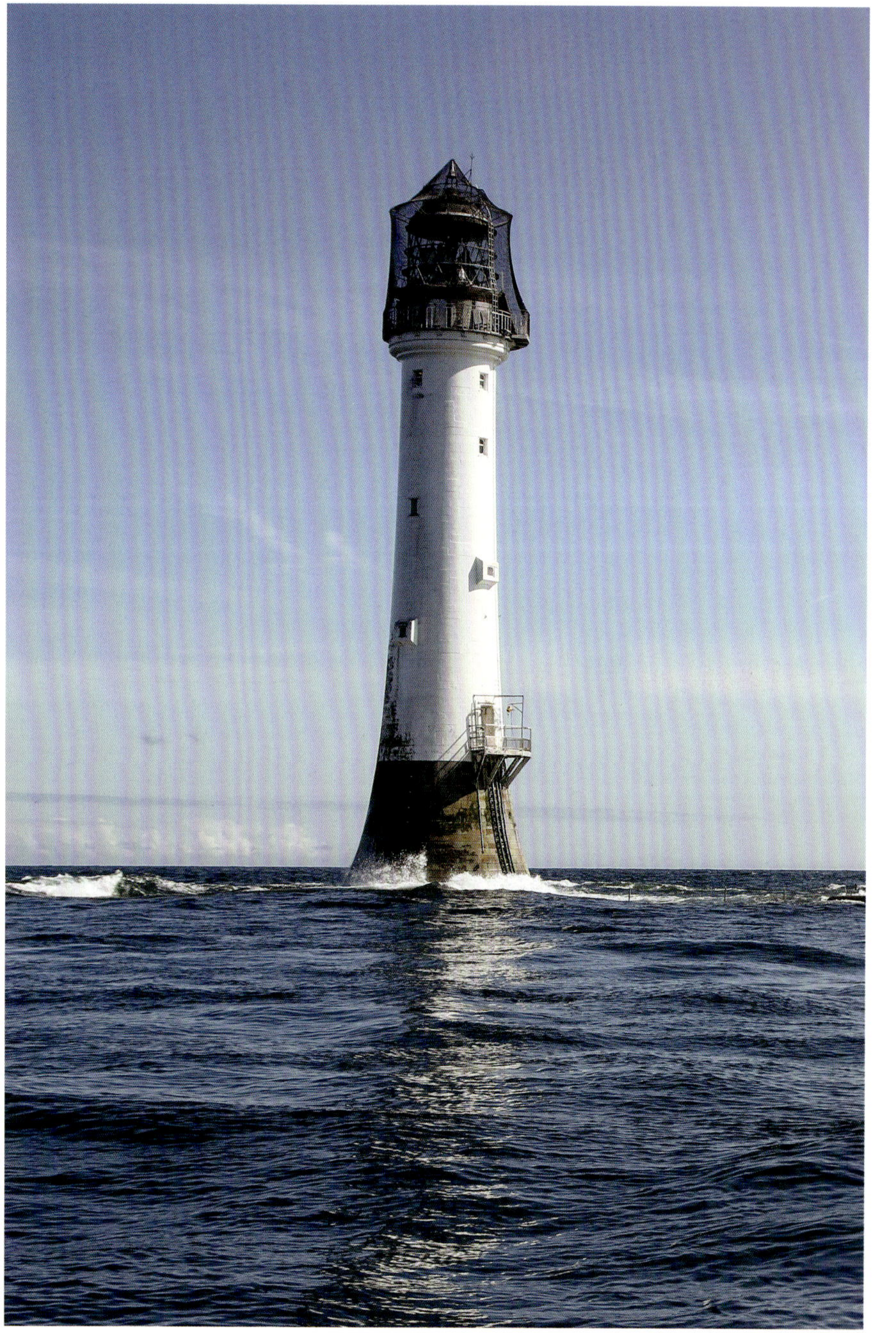

Leuchtturm Tynemouth

Der erste Leuchtturm wurde hier 1854 erbaut; der heutige Turm stammt aus dem Jahr 1903. Das stattliche Hafenlicht ist 26 m hoch und sein Strahl 42 km weit sichtbar. Es leitet Schiffe in die Tyne-Mündung und wird vom Hafen von Tyne betrieben.

Northumberland, England

Leuchtturm Bell Rock

Der auf einem Gezeitenfelsen erbaute Turm ist der älteste erhaltene, meerumspülte Leuchtturm der Welt. Er wurde 1811 von Robert Stevenson fertiggestellt. Der Granitturm ist 35 m hoch und verjüngt sich von 13 m auf 4,5 m. Er war bis 1988 bewohnt und verwendet eine gasbetriebene Dalén-Leuchte, die alle 5 Sekunden weiß blinkt.

Angus Coast, Schottland

Leuchtturm Beachy Head

Der Granitturm im Meer unterhalb von Beachy Head wurde 1902 erbaut. Er steht auf einem Betonsockel, ist weiß gestrichen mit einem roten Streifen als Tageszeichen und 43 m hoch. Eine einreihige LED-Leuchte sendet alle 20 Sekunden zwei weiße Lichtblitze aus.

East Sussex, England

Großbritannien und Irland

GEGENÜBERLIEGENDE SEITE LINKS

Leuchtturm Perch Rock

Dieser 28,5 m hohe Steinturm, der 1830 ein hochsitzähnliches, dreibeiniges Leuchtfeuer ersetzte, war bis 1973 beleuchtet und wurde dann als überflüssig erklärt. Er wurde 2001 unter Denkmalschutz gestellt und verfügt heute über ein dekoratives LED-Licht im Laternenraum.

New Brighton, Cheshire, England

GEGENÜBERLIEGENDE SEITE RECHTS

Leuchtturm Godrevy

Der 1859 erstmals erleuchtete, weiß lackierte, achteckige Steinturm ist 26 m hoch. Er wurde 1934 mit einer feststehenden Fresnel-Linse und einem Acetylenbrenner automatisiert und arbeitet seit 1995 mit Solarstrom. Die Leuchte wurde 2012 auf eine angrenzende Stahlkonstruktion übertragen.

St. Ives Bay, Cornwall, England

RECHTS

Leuchtturm Whiteford

Dieser gusseiserne Leuchtturm ist 13,5 m hoch und auf Holzpfählen errichtet. Für einen britischen Leuchtturm hat er ein ungewöhnliches Design. Er wurde 1865 erbaut, um ein Leuchtfeuer von 1854 zu ersetzen. Heute ist er nicht mehr beleuchtet und dient nur noch als Tagesmarkierung.

Gower-Halbinsel, Wales

Leuchtturm Rattray Head

Im Jahr 1865 auf einem vorgelagerten Tidefelsen erbaut, erreicht der Leuchtturm eine Höhe von 36,5 m. Er steht auf einem breiten Granitsockel, in dem der Maschinenraum untergebracht ist, und das weiß lackierte Oberteil läuft konisch zu. Das Leuchtfeuer wurde 1977 elektrifiziert und 1982 automatisiert.

Aberdeenshire, Schottland

UNTEN

Leuchtturm Needles

Am meerwärts gelegenen Ende einer zerklüfteten Linie von Kreidefelsen befindet sich ein 33,25 m hoher Granitturm. Seit 1977 wird er von einer Hubschrauberlandeplattform für Serviceeinsätze gekrönt. Seine feststehende Linse blinkt alle 20 Sekunden weiß, grün und rot.

Isle of Wight, England

GEGENÜBERLIEGENDE SEITE

Leuchtturm St. Mary's Island

Einst betrieben hier mittelalterliche Mönche ein Leuchtfeuer. Der 1898 erbaute, 48 m hohe, weiß gestrichene Backsteinturm, strahlt alle 20 Sekunden zwei weiße Lichtblitze aus. Wenn sein Damm überflutet ist, ist der Turm vom Festland abgeschnitten.

Whitley Bay, England

OBEN

Leuchtturm Muckle Flugga

Seit 1858 auf dem nördlichsten Felsen der Britischen Inseln gelegen, hat der Turm zwar eine Feuerhöhe von 66 m, aber die Wellen prallen dennoch dagegen. Sein Leuchtfeuer blinkt alle 20 Sekunden weiß.

Shetland-Inseln, Schottland

OBEN

Unterer Leuchtturm Skellig Michael

Einst Wohnsitz von Einsiedlern, trug der Felsen von Great Skellig von 1826 bis 1870 einen oberen und einen unteren Leuchtturm. Heute funktioniert nur noch der untere. Der heutige Turm stammt aus dem Jahr 1967 und verwendet eine Linse von 1909 aus dem Vorgänger, obwohl er heute elektrisch beleuchtet wird.

Kerry Coast, Irland

Leuchtturm Rue Point

Dieser 11 m hohe Turm, der 1921 an der Südspitze der Insel erbaut wurde, ersetzte 1915 ein temporäres Bauwerk. Das Licht wurde 1965 von Acetylen auf automatisch arbeitende Elektroleuchten umgestellt. Eine neue Leuchte wurde 2004 installiert und strahlt alle 5 Sekunden zwei weiße Lichtblitze aus.

Rathlin Island, Nordirland

Leuchtturm Southerness

Der 17 Quadratmeter große weiße Turm wurde 1749 als Tageszeichen erbaut und ist der zweitälteste Leuchtturm Schottlands. Er wurde später erhöht und trug zunächst eine Leuchte aus der Zeit um 1800. Seit 1936 ist er nicht mehr im Einsatz.

Dumfries & Galloway, Schottland

GEGENÜBERLIEGENDE SEITE

Leuchtturm Ardnamurchan Point

Der westlichste Punkt des britischen Festlandes verfügt seit 1849 über einen Leuchtturm. Dieser Granitturm, entworfen von Alan Stevenson im ägyptischen Stil, ist 36 m hoch und blinkt alle 20 Sekunden weiß. Seit 1988 unbemannt, wird er von Edinburgh aus ferngesteuert.

Highland, Schottland

OBEN

Leuchtturm Sheep's Head

Der runde, weiße Turm ist ein relativ junger Leuchtturm, der 1968 eröffnet wurde. Er ist 7 m hoch, hat aber aufgrund seiner Lage eine Feuerhöhe von 83 m über dem Meeresspiegel. Er strahlt ein weißes und ein rotes Licht aus, mit drei Lichtblitzen alle 15 Sekunden.

Cork, Irland

UNTEN

Leuchtturm Mizen-Halbinsel

An Irlands südwestlichstem Punkt gelegen, wurde dieser niedrige Leuchtturm 1910 auf den Klippen, 55 m über dem Meer errichtet. Er ist über eine Betonbrücke zu erreichen. Sein unterbrochenes weißes Licht, welches alle 4 Sekunden aufleuchtet, hat eine Reichweite von 26 km.

Cork, Irland

LINKS

Leuchtturm Fanad

Ein Leuchtturm wurde in dieser Gegend erst 1817 errichtet, um den Eingang zur Lough Swilly Bucht kenntlich zu machen. Der heutige Turm und die umliegenden Gebäude stammen aus dem Jahr 1886, auch wenn es später bauliche Veränderungen, wie einen Helikopter-Landeplatz, gab. Das Licht leuchtet abwechselnd für 5 Sekunden weiß und für 20 Sekunden rot.

Donegal, Irland

GEGENÜBERLIEGENDE SEITE LINKS

Leuchtturm Eilean Glas

Seit 1789 steht hier ein Leuchtturm. Der gegenwärtige Turm stammt aus dem Jahr 1824 und wurde von Robert Stevenson entworfen. Zwei rote, breite Bänder auf weißem Grund bilden sein Tageszeichen. Das Licht wurde 1978 automatisiert. Mittlerweile werden reflektierende Scheinwerfer eingesetzt, die alle 20 Sekunden dreimal aufleuchten.

Scalpay, Schottland

GEGENÜBERLIEGENDE SEITE RECHTS

Leuchtturm Burry Port

Das 6 m hohe Hafenlicht, das hier bei extremen Sturmbedingungen zu sehen ist, wurde 1842 für Kohleschiffe gebaut. Mit dem Rückgang der Kohleexporte verlor der Hafen seine Bedeutung, wird aber seitdem als Yachthafen genutzt. Der Leuchtturm wurde 1996 restauriert und wieder in Betrieb genommen.

Carmarthenshire, Wales

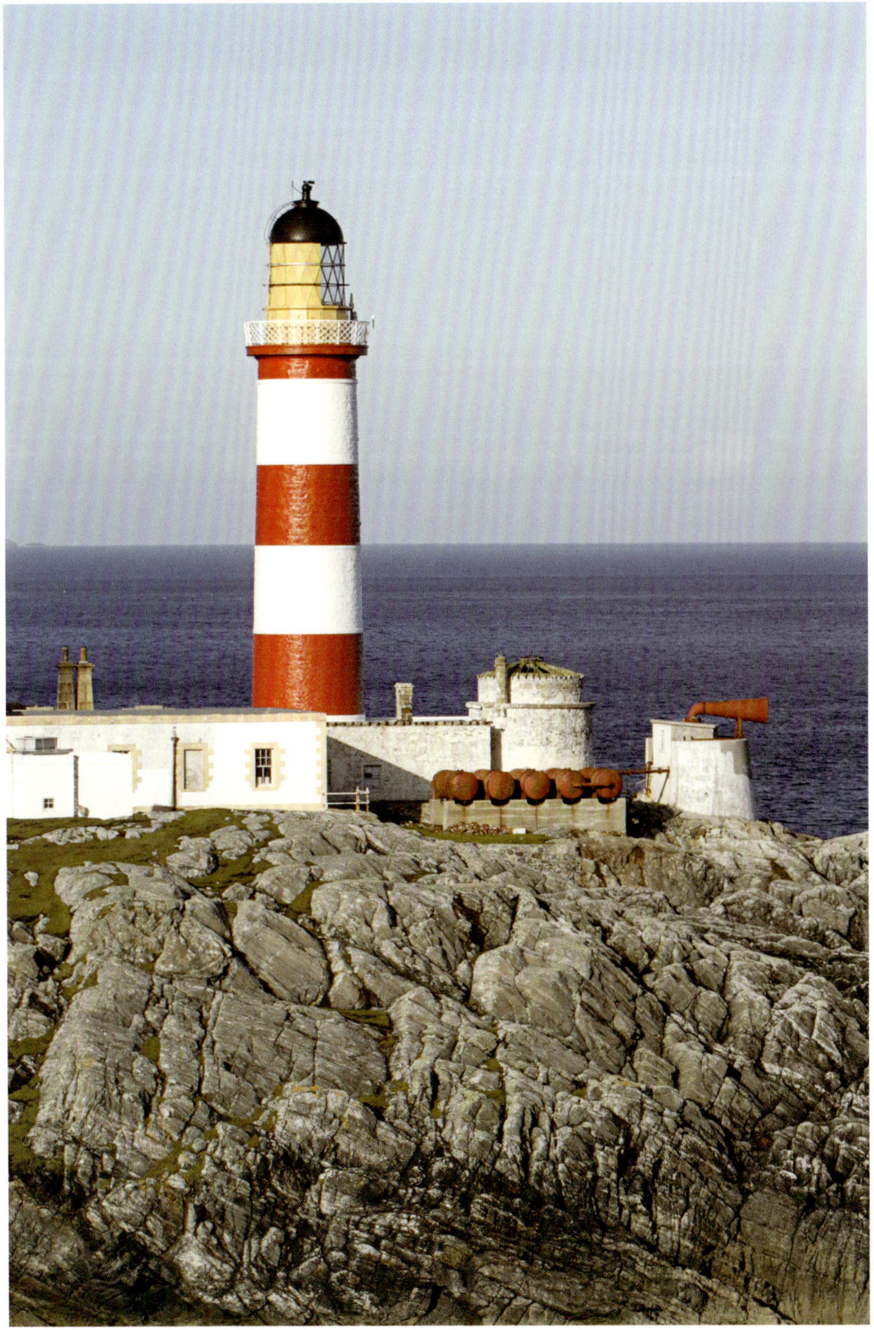

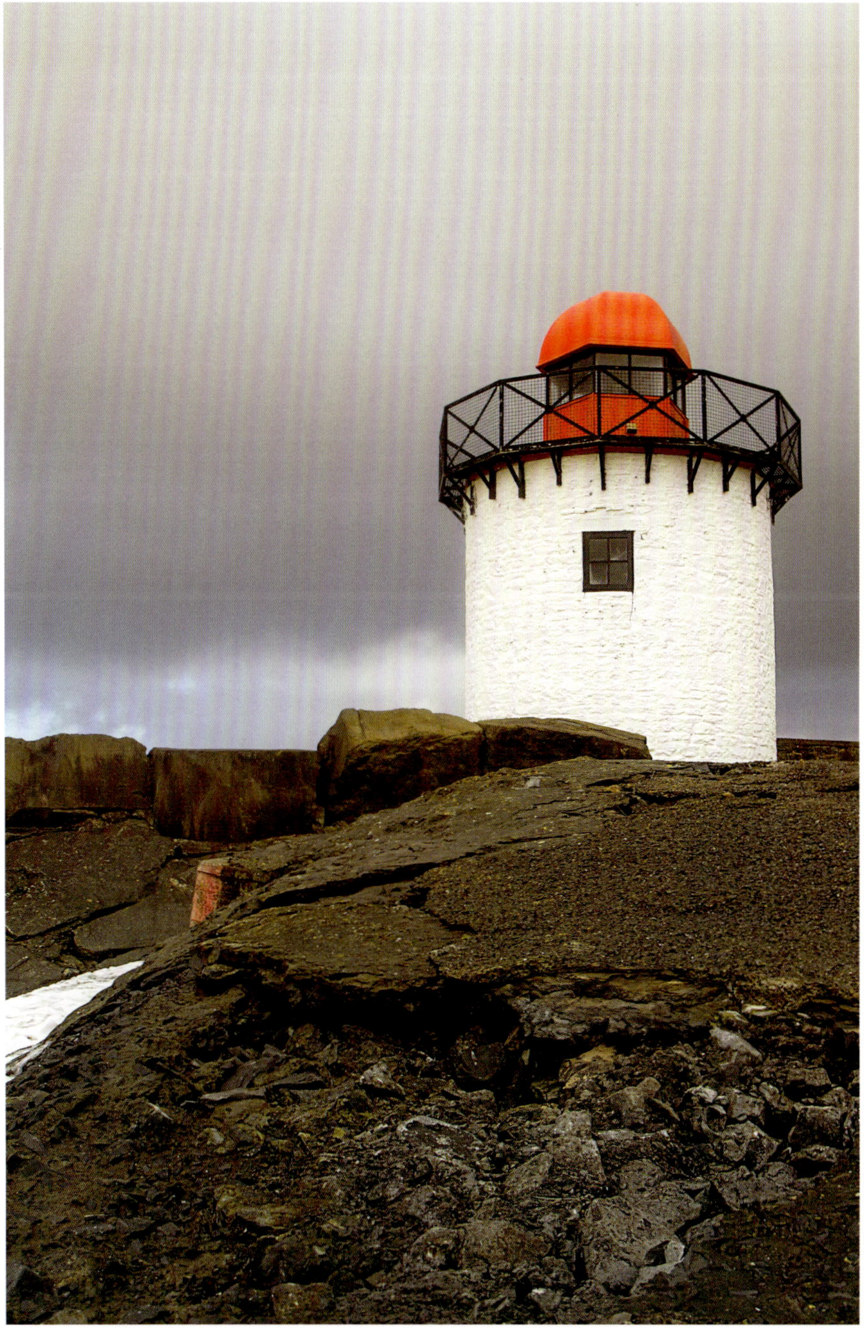

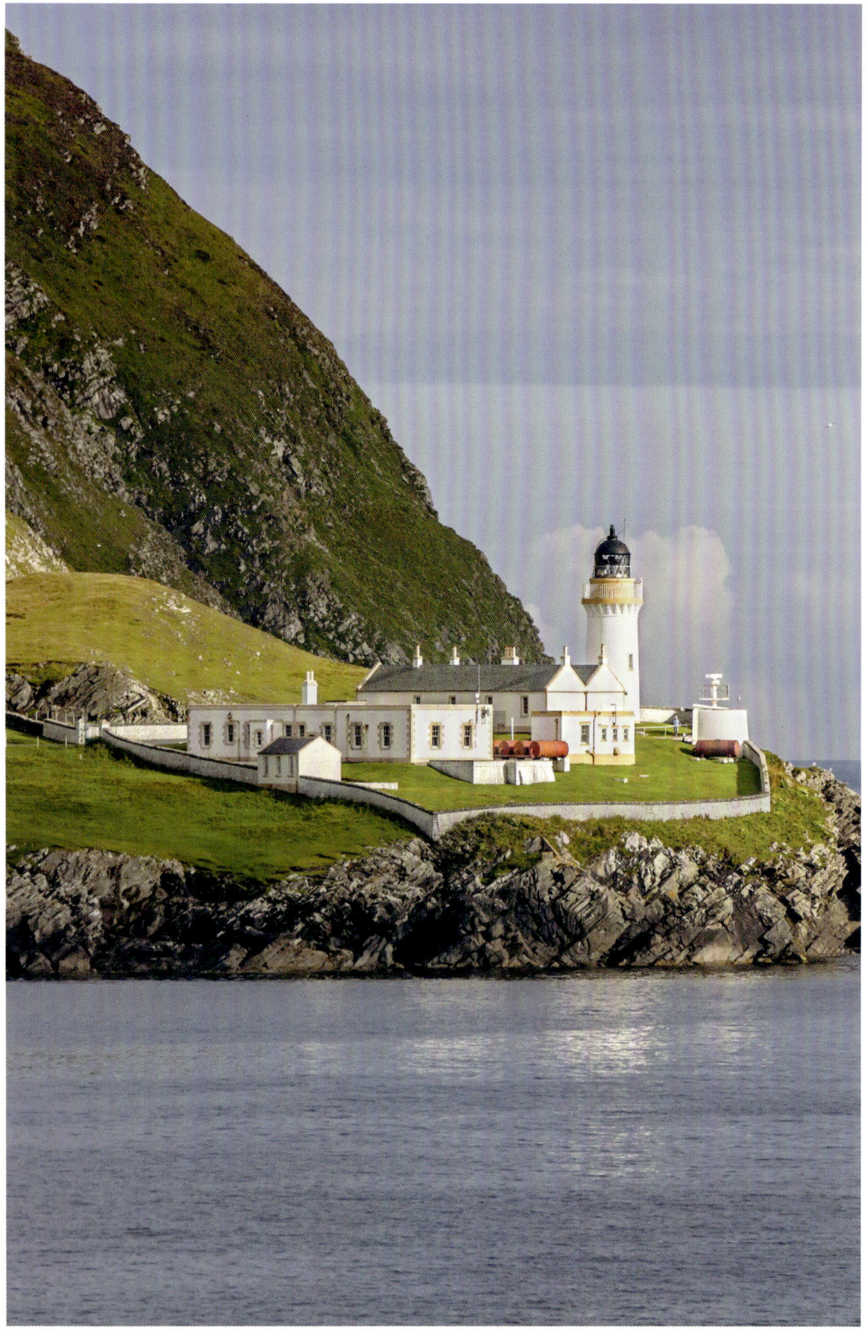

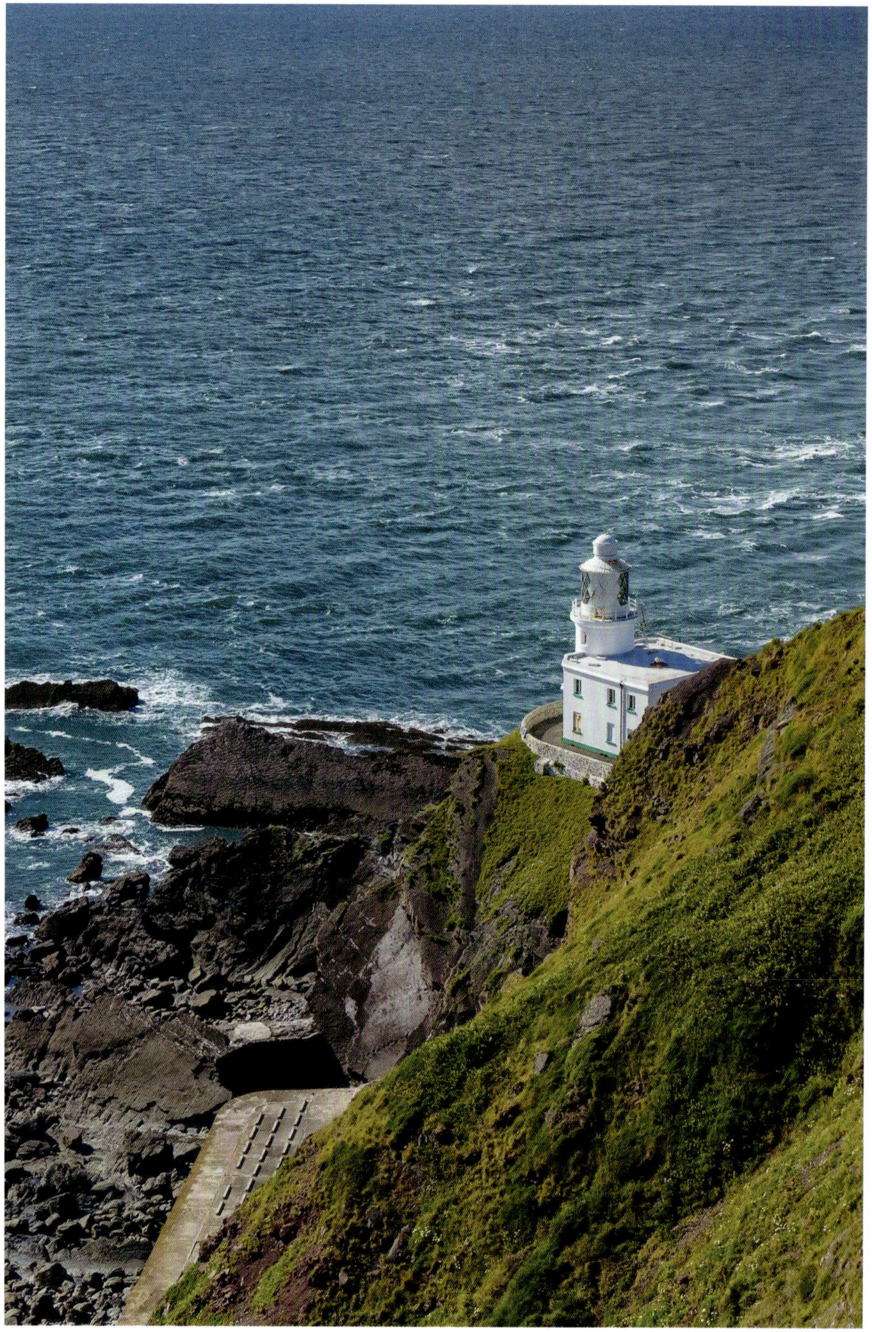

GEGENÜBERLIEGENDE SEITE LINKS

Leuchtturm Bressey

Dieses zylindrische Mauerwerk, 1858 erbaut, ist 16 m hoch. 1989 automatisiert,
wird das Licht des Leuchtturms seit 2012
von der Lerwick Port Authority instand
gehalten. Ehemals mit einer Reichweite
von 43 km, ist das Licht des Leuchtturms
heute 19 km weit zu sehen.

Shetland-Inseln, Schottland

GEGENÜBERLIEGENDE SEITE RECHTS

Leuchtturm Hartland Point

Der 18 m hohe Ziegelsteinturm mit Blick
auf Lundy Island wurde erstmals 1874 in
Betrieb genommen und 100 Jahre später
automatisiert. Da sein Langstreckenlicht-
strahl nicht mehr benötigt wird, wurde der
Leuchtturm 2012 außer Betrieb gesetzt.
Stattdessen installierte man vor dem
Leuchtturm eine LED-Leuchte mit geringer
Reichweite.

Devon, England

RECHTS

Leuchtturm Buchan Ness

Dieser Leuchtturm wurde 1827 in Betrieb
genommen. Die rote Tagesmarkierungs-
bande wurde 1907 hinzugefügt. 1978
wurde die Leuchte elektrifiziert und zehn
Jahre später automatisiert. Der Granitturm
ist 35 m hoch und leuchtet alle 5 Sekunden
auf.

Aberdeenshire, Schottland

GEGENÜBERLIEGENDE SEITE

Leuchtturm Belle Tout

Auf den Kreidefelsen von Beachy Head platziert, war dieser Leuchtturm von 1834 bis 1902 in Betrieb und ist als Wahrzeichen erhalten geblieben. Im Jahr 1999 wurde der 14 m hohe zylindrische Steinturm um 17 m vom erodierenden Felsrand nach hinten verlegt.

Beachy Head, East Sussex, England

OBEN LINKS

Leuchtturm Lundy Island North

Lundys ursprünglicher zentraler Leuchtturm, 1866 erbaut, wurde 1897 durch zwei Beleuchtungsanlagen am nördlichen und südlichen Ende ersetzt. Der 17 m hohe Nord-Leuchtturm blieb erhalten, aber die solarbetriebene Anlage, deren weißes Licht alle 15 Sekunden aufleuchtet, ist jetzt neben dem Nebelhorn-Gebäude montiert.

Bristolkanal, England

OBEN RECHTS

Leuchtturm Hurst Point

Der Weg in den Solent, zwischen der Isle of Wight und dem Festland, wird seit 1867 von diesem weiß bemalten Granitturm mit 26 m Höhe gekennzeichnet. Er ersetzte einen Leuchtturm aus dem Jahr 1812. Die feststehende Linse sendet alle 15 Sekunden vier weiß-rot-weiße Lichtsignale aus.

Hampshire, England

Leuchtturm Pendeen

Durch die auf einer Klippe gelegene Position erreicht dieser niedrige Turm aus Beton und Bruchstein eine Feuerhöhe von 59 m. Er wurde erstmals im Jahr 1900 in Betrieb genommen. Seine Öllampe wurde 1926 durch elektrisches Licht ersetzt und im Jahr 1995 wurde er automatisiert. Die rotierende Brechungslinse sendet alle 15 Sekunden vier weiße Lichtsignale aus.

Cornwall, England

Leuchtturm Hook

In Hook Head gibt es seit dem 12. Jahrhundert einen Leuchtturm. Die moderne Lichtanlage wurde in den ursprünglichen Steinturm installiert – dem zweitältesten Leuchtturm der Welt nach dem Herkulesturm in Spanien. Er besitzt eine Feuerhöhe von 46 m und sendet alle 3 Sekunden ein weißes Lichtsignal aus.

Wexford, Irland

Leuchtturm Inisheer

Dieser 18 m hohe Kalksteinturm wurde im Jahr 1857 gegründet. Er besitzt ein schwarzes Band als Tageszeichen. Seit 2014 verfügt der Leuchtturm über ein LED-Licht, das im Abstand von 20 Sekunden weiße Lichtsignale mit einer Reichweite von 29 km und rote mit einer Reichweite von 26 km aussendet.

Aran-Inseln, Galway, Irland

Leuchtturm Happisburgh

Dieser Leuchtturm warnt Schiffe seit 1790 vor Küsten-Sandbänken. 1988 offiziell für überflüssig erklärt, wird er seit 1990 unter lokaler Leitung betrieben. Er ist der einzige unabhängig betriebene Küstenleuchtturm in Großbritannien. Der zweifach rot gestreifte Turm ist 26 m hoch und sendet alle 30 Sekunden ein dreifaches weißes Lichtsignal.

Norfolk, England

LINKS

Leuchtturm Trevose Head

Dieser weiße Turm mit 27 m Höhe und einer Feuerhöhe von 62 m wurde 1847 fertiggestellt. Er ist mit einem katadioptrischen System erster Ordnung (kombiniert Spiegel und Linse) ausgestattet und leuchtet alle 7,5 Sekunden weiß auf, mit einer Reichweite bis zu 39 km.

Cornwall, England

GEGENÜBERLIEGENDE SEITE OBEN

Leuchtturm Black Head

Dieser Leuchtturm wurde 1936 aus Beton und viereckig auf Kalksteinuntergrund errichtet. Ursprünglich mit Acetylen, dann mit Propangas beleuchtet, wird er seit 2002 mit Solarenergie betrieben und leuchtet alle 5 Sekunden weiß und rot auf.

Clare, Irland

GEGENÜBERLIEGENDE SEITE UNTEN

Leuchtturm Donaghadee

Dieser spitz zulaufende, weiße Leuchtturm, 16 m hoch und aus Kalkstein gebaut, steht seit 1836 am Ende der Hafenmole. 1934 war er der erste Leuchtturm in Irland, der auf elektrisches Licht umgestellt wurde. Es handelt sich um ein Leuchtfeuer, das alle 4 Sekunden weiß und rot aufblitzt.

Down, Nordirland

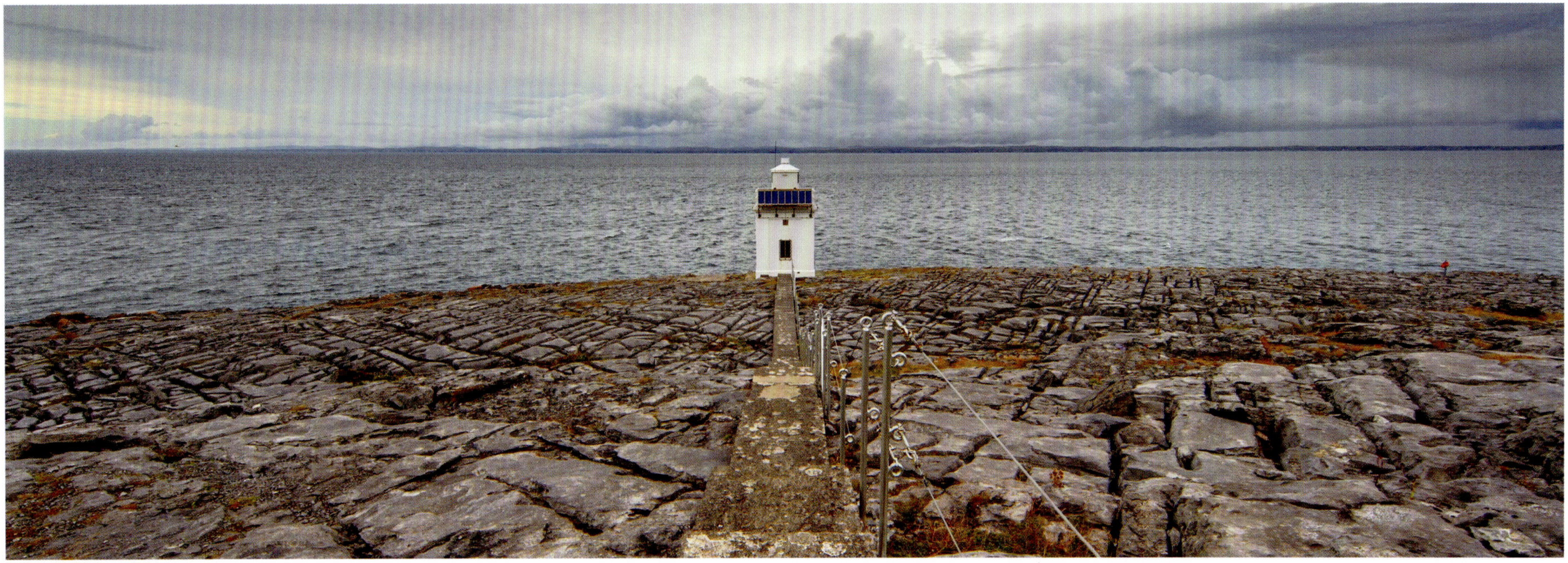

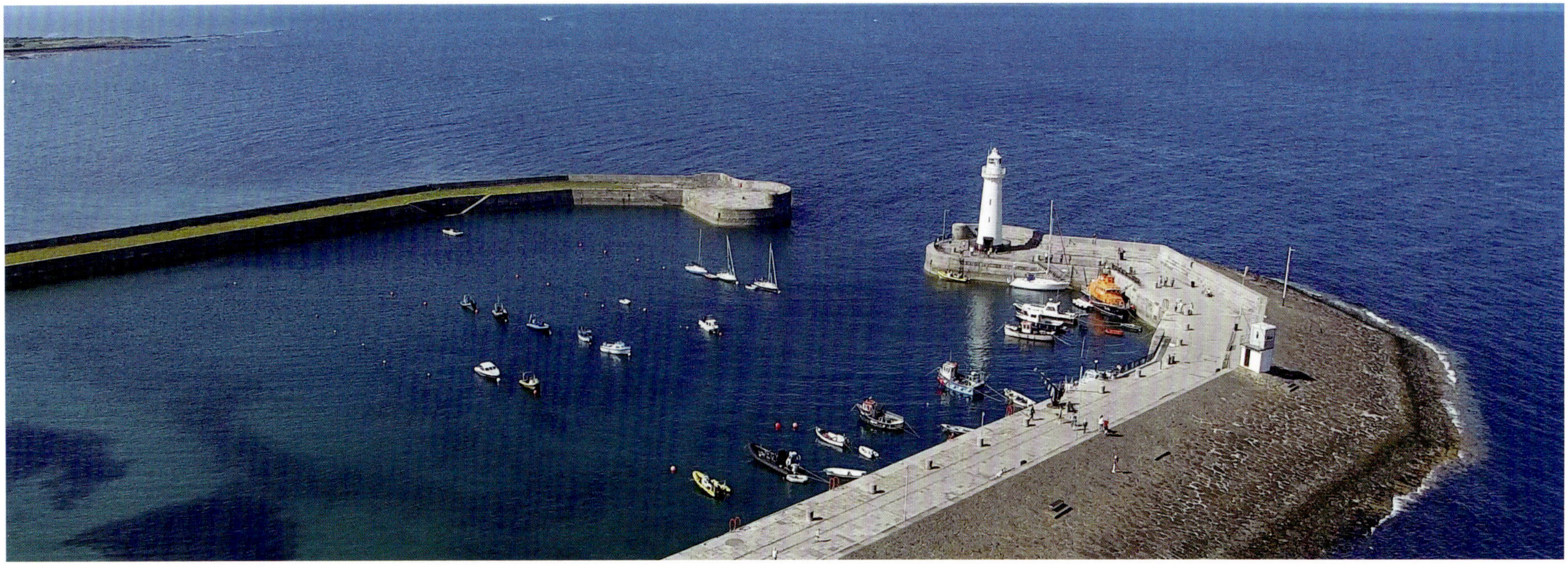

Leuchtturm Howth

Dieser Hafenleuchtturm leuchtete 1818 das erste Mal und wurde anfangs mit Öllampen betrieben, bis er 1955 auf elektrisches Licht umgestellt wurde. 1982 wurde der Betrieb eingestellt, als ein neuer Leuchtturm an der östlichen Seebrücke errichtet wurde. Er blieb jedoch als historisches Bauwerk und Tageszeichen erhalten.

Howth, Dublin, Irland

Leuchtturm Poolbeg

Ein seit langem etablierter Leuchtturm auf der Südseite der Bucht von Dublin, der 1767 errichtet wurde. Seine heutige Form erhielt er bei einem Wiederaufbau 1820. Seine rote Farbe zeigt Schiffen, die in den Dubliner Hafen einfahren, die „Hafenseite" an. Das Begleitlicht auf der Nordseite der Bucht ist grün.

Dublin, Irland

Leuchtturm Cromwell Point

Dieser Leuchtturm wurde nach einem Entwurf von George Halping 1841 fertiggestellt und befindet sich neben einem Fort aus dem 17. Jahrhundert. Der 15 m hohe, weiße Turm wurde 1947 automatisiert. Er sendet alle 2 Sekunden ein weißes und rotes Lichtsignal aus.

Valentia Island, Kerry, Irland

OBEN

Leuchtturm Berwick on Tweed

Am Ende einer Mole ist dieser ungewöhnlich geformte Leuchtturm 1826 erbaut worden. Er verfügt über einen 13 m hohen runden Steinturm mit einem Lichtfenster anstelle eines Laternenraums, was später Standard wurde. Das spitz zulaufende Steindach ist aus einem Stück gefertigt. Der Leuchtturm sendet alle 5 Sekunden ein weißes Lichtsignal.

Northumberland, England

GEGENÜBERLIEGENDE SEITE

Leuchtturm South Stack

Dieser weiß gestrichene, 28 m hohe Leuchtturm wurde auf einer Felseninsel gebaut, die über eine 30 m lange Fußgängerbrücke mit Anglesey verbunden ist. Er wurde 1809 fertiggestellt. Im Jahr 1938 arbeitete er zum ersten Mal mit elektrischem Licht und wurde 1984 voll automatisiert. Der Leuchtturm verfügt über eine katadioptrische Rotationsoptik erster Ordnung, die alle 10 Sekunden weiß aufleuchtet.

Anglesey, Wales

LINKS

Leuchtturm Seaham

Tosende Wellen können den 10 m hohen Leucht-turm an der nördlichen Mole von Seaham über-ragen. 1905 fertiggestellt und mit schwarzen und weißen Tagesmarkierun-gen, sendet dieser Leucht-turm alle 30 Sekunden ein grünes Lichtsignal aus. Ursprünglich führte ein Gehweg um den Laternen-raum herum, dieser wurde jedoch in den 1960er-Jahren abgerissen.

Durham, England

GEGENÜBERLIEGENDE
SEITE LINKS

Leuchtturm Porthcawl Harbour

Porthcawls 10 m hoher Gusseisen-Leuchtturm hält der Wucht der Wellen seit 1860 stand und wurde 2013 renoviert. Es war der letzte Leuchtturm in Groß-britannien, der noch mit Kohlengas beleuchtet wurde. 1974 wurde der Betrieb auf Erdgas umge-stellt, bis 1997 alles elektrifiziert wurde.

Süd-Wales

Leuchtturm Arranmore

1798 wurde hier erstmals eine Leuchte errichtet, deren Betrieb 1832 eingestellt wurde und 1864 in einem neuen 23 m hohen Leuchtturm wieder zum Einsatz kam. Dieser Turm ist noch heute in Betrieb und wurde 1976 automatisiert. Er sendet alle 20 Sekunden ein weißes Lichtsignal aus und leuchtet zusätzlich alle 3 Sekunden rot auf.

Donegal, Irland

Leuchtturm Old Head of Kinsale

Der Laternenraum mit seinem Lüftungsdach ziert seit 1853 die Spitze des 30 m hohen Klippenturms. Die Lichtanlage stammt jedoch aus dem 17. Jahrhundert oder sogar aus früheren Zeiten. Automatisiert seit 1987, sendet der Leuchtturm alle 10 Sekunden zwei weiße Lichtblitze aus.

Cork, Irland

Leuchtturm Flamborough Head

Dieser Leuchtturm aus weiß lackiertem Ziegelstein wurde 1806 zum ersten Mal beleuchtet und ist 26,5 m hoch. Er verfügt über zwei Außengänge, die um den Service- und den Laternenraum herum führen. Im Inneren befindet sich eine katadioptrische rotierende Linse erster Ordnung, die alle 15 Sekunden vier weiße Lichtsignale aussendet.

Ost-Yorkshire, England

GEGENÜBERLIEGENDE SEITE

Leuchtturm Loop Head

Die Laternenraum-Galerie, 84 m über dem Meer und mit Funkfeuergeräten bestückt, bietet einen luftigen Blick über den Atlantik. Der Leuchtturm, der zweite auf diesem Gelände, stammt aus dem Jahr 1854 und ist 23 m hoch. 1991 automatisiert, sendet er alle 20 Sekunden vier weiße Lichtblitze mit einer Reichweite von 42 km aus.

Clare, Irland

LINKS UND GEGENÜBERLIEGENDE SEITE LINKS

Leuchtturm Southwold

Obwohl dieser Leuchtturm mitten in einer Küstenstadt steht, betritt man die geheime Welt des Leuchtturms, wenn man in sein Inneres schaut. Diese Innenansicht des Turms zeigt die Etage des Dienstzimmers. Durch den 31 m hohen Turm schlängelt sich eine Wendeltreppe mit kurzen, ebenen Abschnitten an den Fenstern.

Dieser Leuchtturm wurde 1890 aus Ziegelsteinen mit einer glatten, weißen Außenschicht gebaut. Seit 1938 elektrifiziert, besitzt der Leuchtturm eine PRL400TH-Linse mit einer Intensität von 17 100 Candela. Alle 10 Sekunden sendet er ein rotierendes weißes Licht mit einer Reichweite von bis zu 31 km aus.

Suffolk, England

GEGENÜBERLIEGENDE SEITE RECHTS

Leuchtturm Roker Pier

Dieser robuste Granitturm ist 23 m hoch und das natürliche Grau und Rot seiner Steinfassade bildet seine Tageszeichen. 1903 in Betrieb genommen, wird er heute vom Team des Port of Sunderland instand gehalten und wurde 2015 im Zuge dessen einer Renovierung unterzogen. Der Leuchtturm sendet alle 5 Sekunden einen weißen Lichtblitz aus.

Sunderland, Tyne and Wear, England

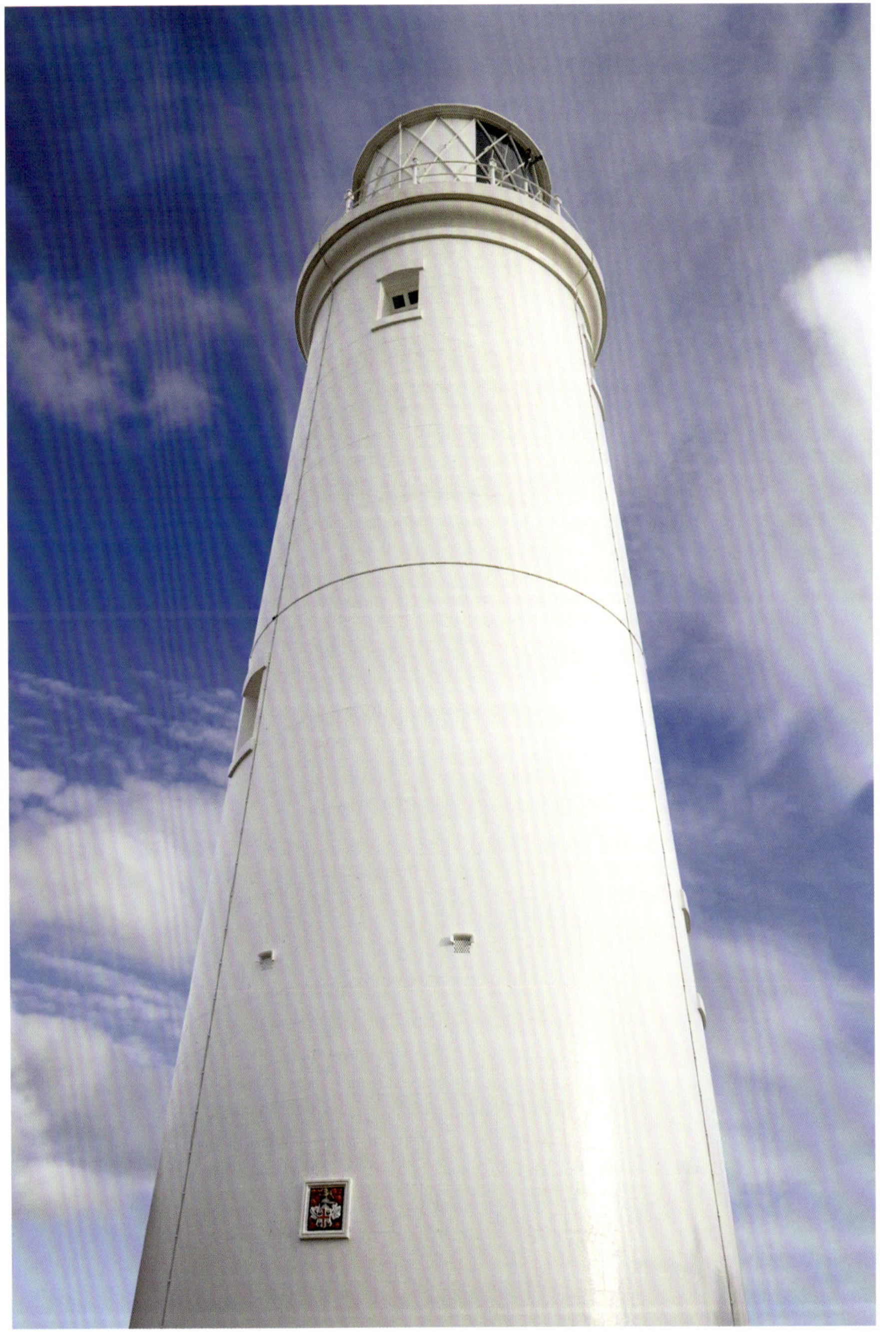

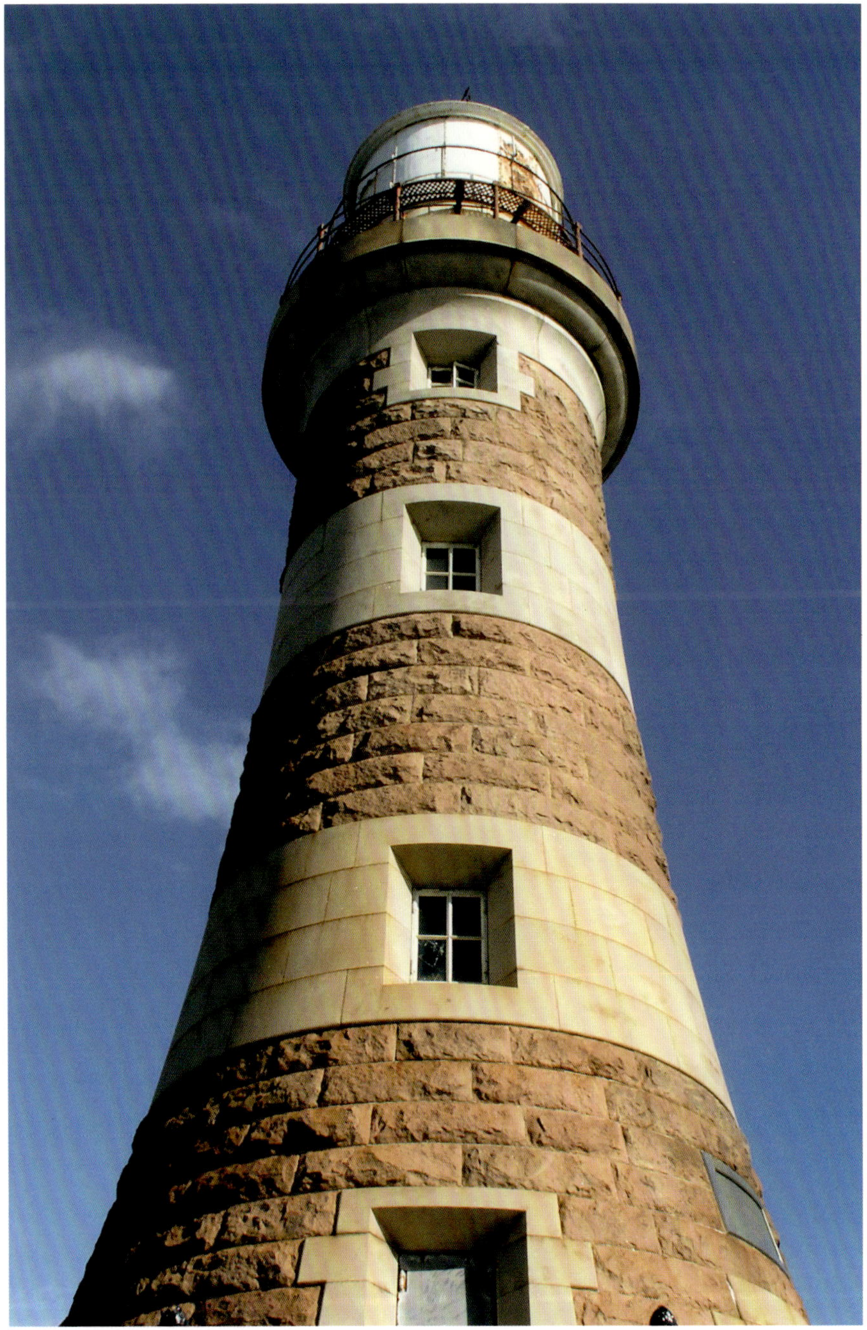

LINKS

Leuchtturm Plover Scar

1847 erbaut, war dieser Leuchtturm der kleinere von zweien, deren Lichter den Weg zur Lune-Mündung wiesen. Der kreisförmige Steinturm mit einer achteckigen Lichtkammer und einer Höhe von 8 m sendet alle zwei Sekunden ein weißes Lichtsignal aus. Nachdem er 2016 von einem Schiff gerammt wurde, ist er inzwischen restauriert worden.

Cockerham Sands, Morecambe Bay, England

UNTEN UND GEGENÜBERLIEGENDE SEITE

Leuchtturm Spurn Point

Es gab bereits mehrere Leuchtfeuer an der Spitze dieser langen und beweglichen Sandbank. Dieser schwarz-weiße Backsteinturm mit einer Höhe von 39 m steht hier seit 1895. 1985 wurde er stillgelegt und blieb bis zu einem Renovierungsprogramm im Jahr 2015 außer Betrieb. Der „verlassene" Leuchtturm wurde restauriert, neu gestrichen und ist jetzt Teil eines nationalen Naturschutzgebietes. Er besitzt außerdem ein Besucherzentrum. Es ist möglich, den Turm zu besteigen und den Panoramablick über die Humber-Mündung zu bewundern.

Holderness, Ost-Yorkshire, England

Großbritannien und Irland

GEGENÜBERLIEGENDE SEITE LINKS

Leuchtturm Leasowe

Großbritanniens erster Leuchtturm aus Ziegelsteinen war von 1763 bis 1908 in Betrieb. Nachdem das Lichtdeck entfernt wurde, ist er noch 33,5 m hoch. Nach Jahrzehnten der Vernachlässigung wurde er wiederhergestellt und wird von örtlichen Denkmalschützern gepflegt.

Wirral, Cheshire, England

GEGENÜBERLIEGENDE SEITE RECHTS

Leuchtturm Chaine Tower

Die Nachbildung eines alten irischen Rundturms wurde 1887 als Denkmal errichtet. Er besteht aus Granitblöcken und misst 23 m. 1899 baute man das Denkmal so um, dass es als Leuchtturm genutzt werden konnte. Das feststehende Isophasenlicht scheint durch eine Fensteröffnung. Es sendet alle 5 Sekunden einen weißen, dann einen roten Lichtblitz aus.

Larne, Antrim, Nordirland

RECHTS

Leuchtturm Wicklow Head

Von 1781 bis 1865 wurden zwei Leuchttürme in Wicklow Head betrieben. Lediglich der kleinere von beiden, dessen heutige Form aus dem Jahr 1818 stammt, ist noch in Betrieb. Er ist seit 1994 automatisiert. In einer Feuerhöhe von 37 m sendet der Leuchtturm alle 15 Sekunden einen dreifachen weißen Lichtblitz mit einer Reichweite von 43 km aus.

Wicklow, Irland

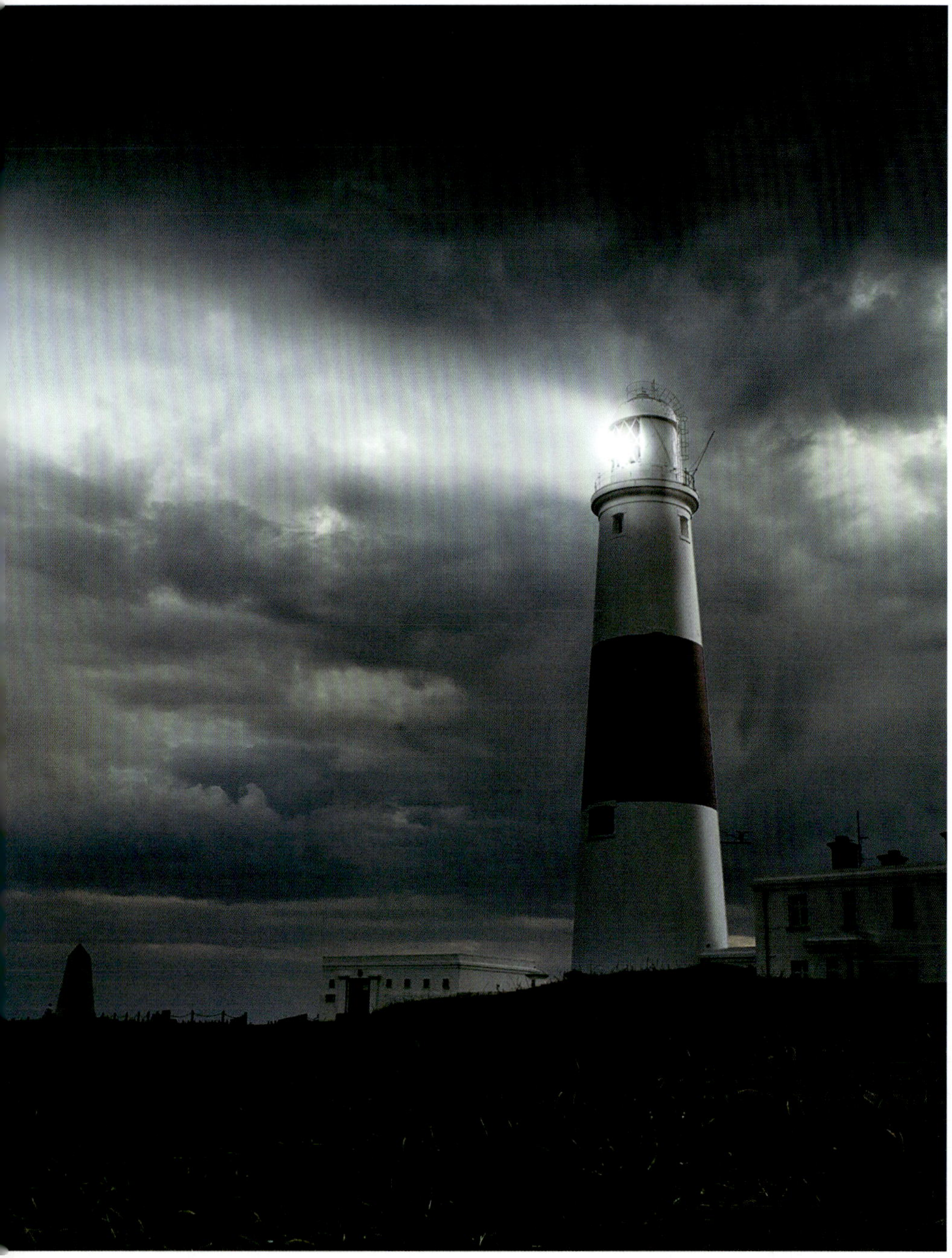

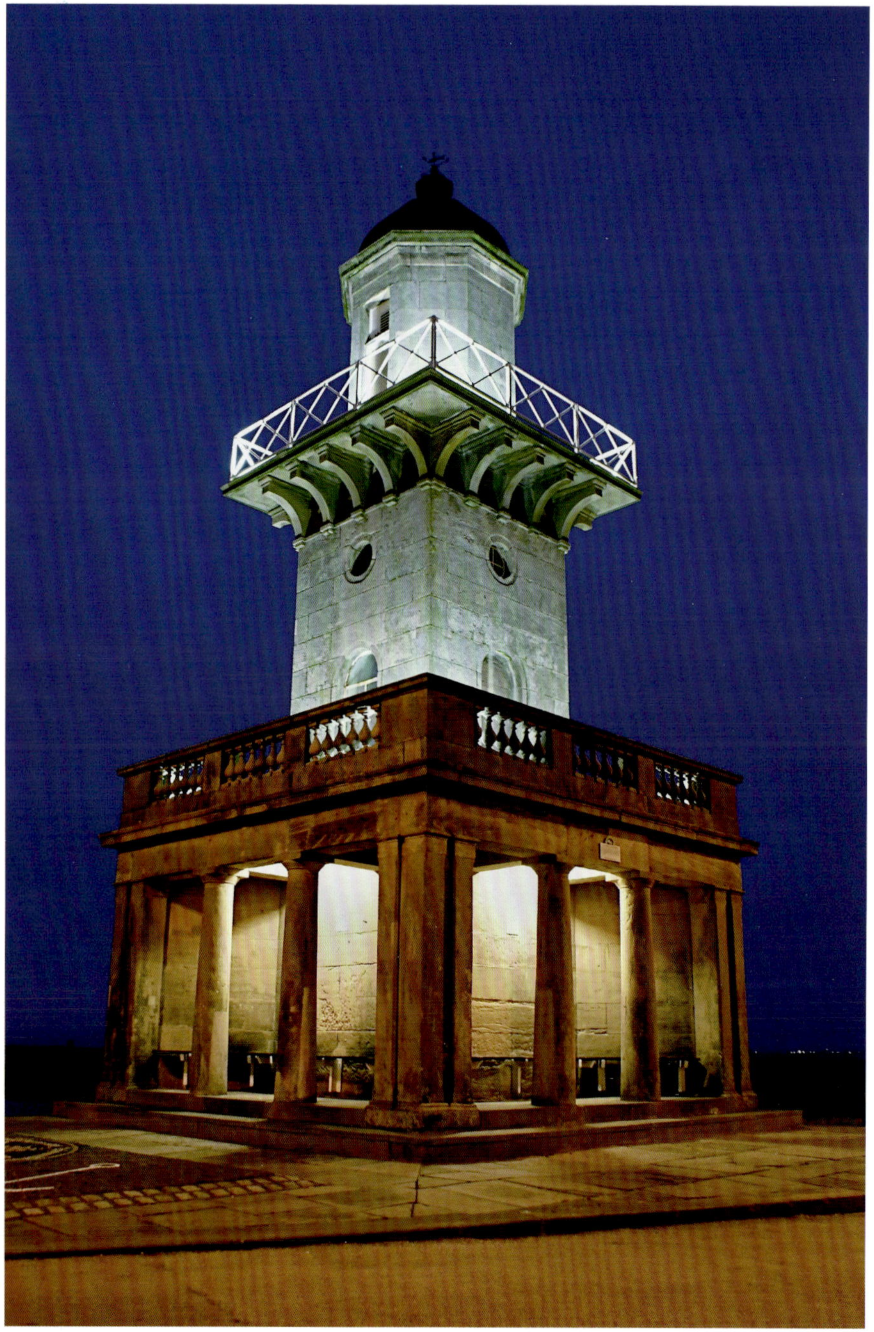

GEGENÜBERLIEGENDE SEITE LINKS

Leuchtturm Portland Bill

Seit mindestens 1716 gibt es in dieser Gegend einen Leuchtturm. Dieser 41 m hohe Turm wurde 1906 fertiggestellt und 1996 automatisiert. Er hat eine katadioptrische, rotierende Linse erster Ordnung, angetrieben von einer 1-kW-MBI-Lampe. Diese sendet alle 20 Sekunden vier weiße Lichtblitze aus.

Dorset, England

GEGENÜBERLIEGENDE SEITE RECHTS

Unterer Leuchtturm Fleetwood

Er erinnert eher an ein Denkmal als an einen traditionellen Leuchtturm. Das klassische Design von 1840 sollte zu der neuen Stadt Fleetwood passen. Das Licht dieses Leuchtturms hat eine Feuerhöhe von 14 m und leuchtet alle 2 Sekunden grün auf, in Verbindung mit Fleetwoods höhergelegenem Leuchtturm.

Lancashire, England

RECHTS

Leuchtturm St. John's Point

Der 1844 errichtete Leuchtturm wurde in den späten 1880ern auf seine heutige Größe von 40 m erhöht. Seine schwarzen und gelben Bänder trägt er seit 1954. Die Ringlinse stammt aus dem Jahr 1908 und sendet alle 7,5 Sekunden zwei weiße Lichtblitze aus. Ein zusätzliches Licht ist in einem Fenster im dritten Stock installiert und leuchtet alle drei Sekunden weiß und rot auf.

Down, Nordirland

Leuchtturm Point of Ayr

Bei Flut gibt es keinen Zugang zum ältesten erhaltenen Leuchtturm in Wales, der aus dem Sandstrand emporragt. Er wurde 1776 erbaut und war dann ab 1883 inaktiv. In den 1990er-Jahren wurde er aus seinem stillgelegten Zustand befreit und ist seitdem ein Wahrzeichen von 18 m Höhe.

Talacre Beach, Nord-Wales

Unterer Leuchtturm Dovercourt

Dieses 8 m hohe Bauwerk wurde auf einem vorgefertigten Eisenrahmen mit Schraubpfahl-Fundamenten gebaut und zusammen mit dem oberen Leuchtturm 1863 eingeweiht, um Schiffe in die Häfen Harwich und Felixstowe zu leiten. Beide Leuchttürme, die seit 1917 nicht mehr genutzt werden, sind als historische Bauwerke und Besucherattraktionen erhalten geblieben.

Essex, England

ANDERE EUROPÄISCHE LÄNDER

Europas Küsten und Binnenseen sind durch eine Vielzahl von Leuchttürmen in den verschiedensten Baustilen und oft an spektakulären Orten gekennzeichnet. Selbst die Binnenländer Schweiz und Österreich haben Leuchttürme. Einige europäische Leuchtfeuer sind uralt: Leuchttürme römischen Ursprungs gibt es noch in Spanien (La Coruña) und Italien (Genua), aber turmartige Leuchttürme waren bis ins späteste 18. Jahrhundert äußerst selten. Der technische Fortschritt wurde zunächst von Frankreich vorangetrieben, wo François-Pierre Aimé Argand (eigentlich Schweizer) 1782 den Doppelzug-Ölbrenner erfand. Die Argand-Lampe erzeugte ein viel stärkeres Licht als alles andere zuvor. Sie wurde, mit Verbesserungen, in vielen Ländern bis in die 1880er-Jahre verwendet, normalerweise in Kombination mit der Fresnel-Linse, die erstmals 1823 im Leuchtturm von Cordouan ausprobiert und in anderen Ländern eingesetzt wurde.

In den letzten Jahren haben viele Länder mit einer Vielzahl von Baumaterialien und Beleuchtungssystemen zur Modernisierung und Automatisierung von Leuchttürmen beigetragen. Viele europäische Leuchttürme wurden jedoch auch für überflüssig erklärt und im Laufe der letzten Jahre stillgelegt, für andere Zwecke umgebaut oder in Museen umgewandelt.

Alle europäischen Länder sind der 1957 gegründeten International Association of Marine Aids to Navigation and Lighthouses Authorities angeschlossen, die ihren Sitz in der Nähe von Paris in Frankreich hat. Das Unternehmen arbeitet daran, die Standards für Navigationshilfen aufrechtzuerhalten und einen einheitlichen Ansatz für Themen wie Lichtsignale zu gewährleisten.

GEGENÜBERLIEGENDE SEITE

Leuchtturm Felgueiras

Der Leuchtturm am Ende der alten nördlichen Mole des Douro River widersteht seit seiner Errichtung im Jahr 1886 der Gewalt der Sturmwellen. Der 10 m hohe, sechseckige Granitturm wurde 2009 stillgelegt.

Porto, Portugal

Andere europäische Länder

GEGENÜBERLIEGENDE SEITE LINKS

Leuchtturm Podersdorf

Der 1998 erbaute und 11 m hohe Leuchtturm markiert den Hafen von Podersdorf am Neusiedler See. Er sendet einen feststehenden Lichtstrahl aus und ein orangenes Sturmwarnlicht. Auf dem Binnensee gibt es keinen kommerziellen Verkehr, aber er wird intensiv von Sport- und Freizeitbooten genutzt.

Neusiedler See, Burgenland, Österreich

GEGENÜBERLIEGENDE SEITE RECHTS

Leuchtturm Blankenberge

Reste alter Stege umgeben den Leuchtturm, der dank der Pier eine Feuerhöhe von 12,5 m erreicht. Dieser zylindrische, gusseiserne Turm wurde 1913 erbaut und strahlt ein kontinuierliches rotes Licht aus.

Flandern, Belgien

RECHTS

Leuchtturm Ahtopol

Dieser dreistufige Turm aus Bruchstein steht an der südlichen Schwarzmeerküste auf einem quadratischen Sockel. Die obere Etage verfügt über eine Galerie und einen kleinen Lagerraum, der von einem gusseisernen Pylon mit einer Brennweite von 15 m überragt wird. 2009 wurden Renovierungsarbeiten durchgeführt. Das Leuchtfeuer sendet alle 15 Sekunden sechs kurze und einen langen weißen Lichtblitz.

Bulgarien

Leuchtturm Stafnesviti

Am westlichsten Punkt der Halbinsel Reykjanes steht dieser terrakotta-farbene quadratische Turm, der 1925 aus Beton gebaut wurde. Er ist 11,5 m hoch und hat ein achteckiges Laternendeck. Er blinkt weiß und rot, dreimal alle 15 Sekunden.

Halbinsel Reykjanes, Island

Leuchtturm Pokonji Dol

Dieser Leuchtturm aus dem Jahr 1872 befindet sich in der Mitte der Insel Pokonji Dol. Er besteht aus einem quadratischen Steinturm, der 4,6 m über das Haus des Wärters hinausragt. Alle 4 Sekunden wird ein weißer Blitz mit einer Reichweite von 19 km abgegeben.

Kroatien

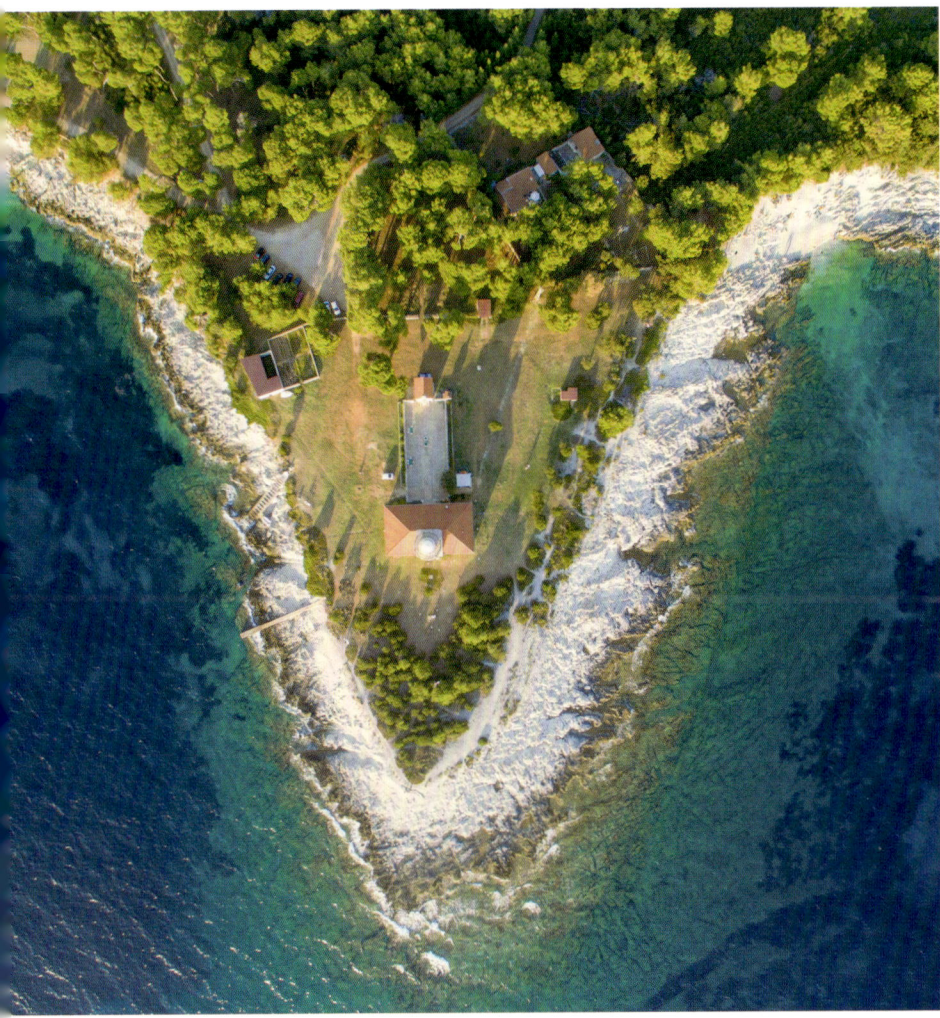

OBEN

Leuchtturm Veli Rat

An seinem Schatten zeigt sich die enorme Höhe des Turms: 36 m. Der 1849 errichtete Leuchtturm hat, wie einige andere adriatische Leucht-türme, einen ortsansässigen Wärter. Der doppelte weiße Lichtblitz, der alle 20 Sekunden ausgesendet wird, ist 42 km weit sichtbar

Dugi Otok, Kroatien

OBEN

Leuchtturm Blitvenica

Der achteckige Turm dieses Leuchtturms, der 1879 aus heimischem Stein erbaut wurde, erhebt sich aus dem Haus des Wärters und ist 21 m hoch. Blitvenica liegt südwestlich der Insel Zirje. Das Leuchtfeuer sendet zwei weiße Blitze alle 30 Sekunden aus.

Kroatien

Leuchtturm Kjeungskjaer

Da der Leuchtturm nördlich des Polarkreises liegt, wird sein Licht zwischen dem 16. Mai und dem 21. Juli eines jeden Jahres nicht benötigt. Der 1880 erbaute, einzige achteckige Leuchtturm Norwegens ist 20,6 m hoch. Sein unterbrochenes Feuer (bei dem die Lichtdauer länger ist als die Dunkelzeit) blinkt alle 6 Sekunden rot, weiß und grün.

Ørland, Norwegen

Leuchtturm Bengtskär

Der höchste Leuchtturm Skandinaviens steht auf einer felsigen Insel an der Mündung des Finnischen Meerbusens und erhebt sich 46 m über den Felsen. Erbaut 1906 aus heimischem Granit, wurde er 1983 auf Windkraftstrom umgestellt und in den 90er-Jahren renoviert. Es sendet alle 20 Sekunden drei weiße Lichtblitze aus.

Schärenmeer, Finnland

Leuchtturm Chania

Das erste Leuchtfeuer an dieser Stelle wurde von den Venezianern im
16. Jahrhundert gebaut. Im Jahr 1839 entstand ein ägyptisch anmutender,
minarettartiger Turm. Das heutige, 2006 fertiggestellte und 21 m hohe
Gebäude kombiniert Elemente des Vorgängers mit „venezianischen"
Merkmalen. Der Leuchtturm ist inzwischen außer Betrieb.

Kreta, Griechenland

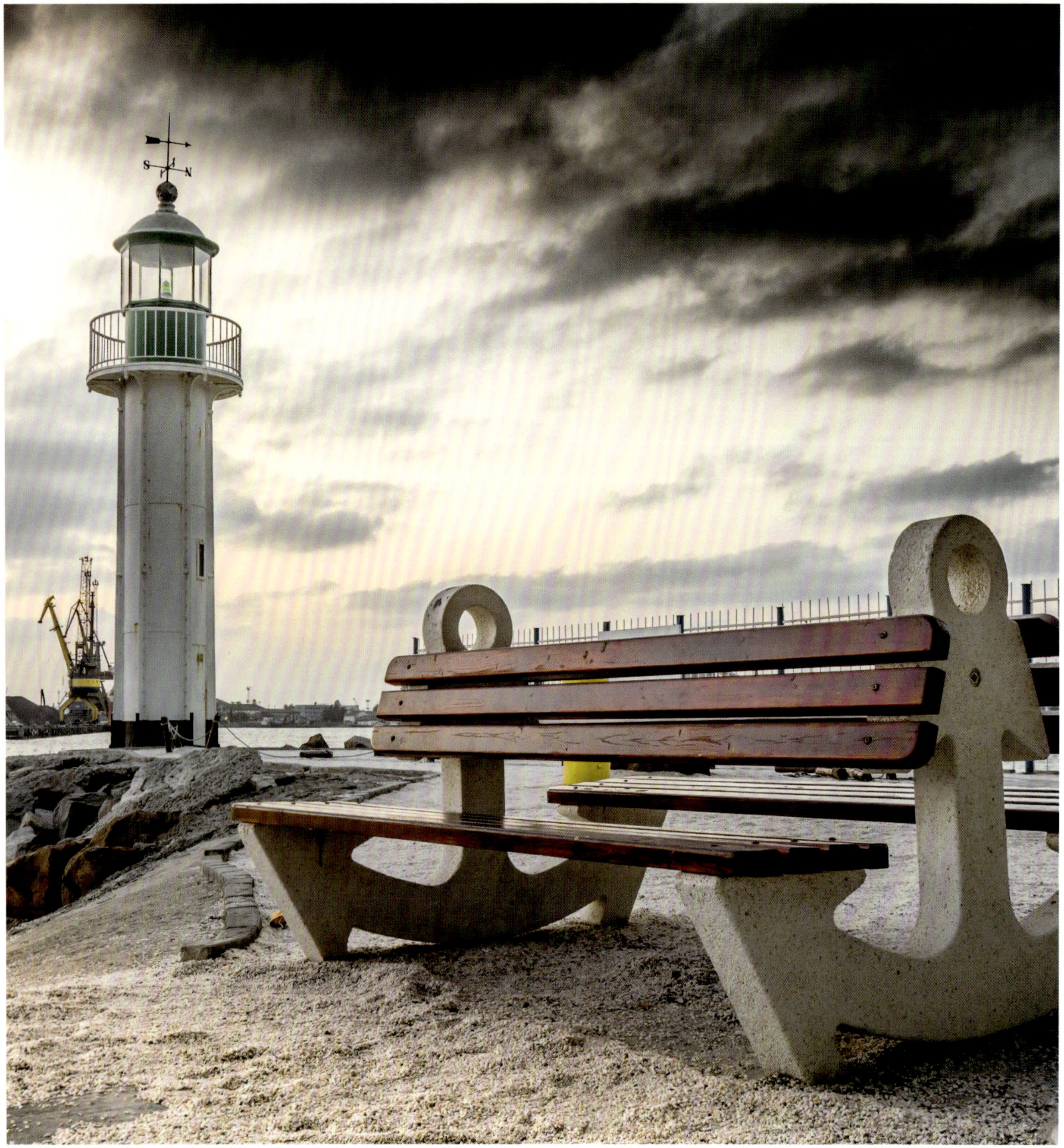

LINKS

Leuchtturm Burgas

Burgas hat einen modernen Hafen am Schwarzen Meer; dies ist sein zweiter Leuchtturm, auf der inneren, östlichen Seite zwischen dem Yachthafen und dem Handelshafen gelegen. Er zeigt alle 6 Sekunden ein rotes Gleichtaktfeuer (gleiche Hell-Dunkel-Perioden) und ist 6 m hoch.

Bulgarien

GEGENÜBERLIEGENDE SEITE

Leuchtturm Punta Frouxeira

Dieser Leuchtturm hat ein auffallend anderes Design als die traditionellen Leuchttürme. Der quadratische Turm ist 30 m hoch und sendet alle 15 Sekunden fünf weiße Lichtblitze über den Golf von Biskaya – sie sind 41 km weit sichtbar. Seit 1994 in Betrieb, wird der Leuchtturm von der Hafenbehörde Ferrol unterhalten.

Valdoviño, Galizien, Spanien

Leuchtturm Kiipsaare

Der 26 m hohe Stahlbetonturm aus dem Jahr 1933 stand ursprünglich senkrecht und an Land. Aufgrund der Erosion hat sich die Küstenlinie verändert, sodass der Leuchtturm heute im Wasser steht. Im Laufe der Jahre neigte er sich durch Wind und Wellen und ist nicht mehr funktionsfähig.

Vilsandi-Nationalpark, Saaremaa, Estland

Leuchtturm Vorontsov

Der erste Leuchtturm wurde hier 1862 erbaut. Dies ist der dritte an diesem Standort: Es handelt sich um einen 26 m hohen, gusseisernen Zylinder, der weiß lackiert ist und 1955 erstmals beleuchtet wurde. Er sendet alle 12 Sekunden drei rote Blitze aus.

Odessa, Halbinsel Krim, Russland

Leuchtturm Strömmingsbådan

Um den seit 1885 aktiven Leuchtturm herum kann man häufig beeindruckende atmosphärische Effekte beobachten. Der 14 m hohe Steinturm sendet alle 20 Sekunden vier Zwei-Sekunden-Blitze, weiß in Richtung der See, rot in Richtung der Riffe.

Kvarken-Archipel, Finnland

Leuchtturm Ploumanac'h

Dieser aus örtlichem rosa Granit erbaute, burgähnliche Turm ersetzte 1946 einen durch den Krieg zerstörten Vorgänger. Die Klippenlage verleiht ihm eine Feuerhöhe von 26 m, und sein rot-weißer Strahl, den er alle 4 Sekunden abgibt, hat eine Reichweite von 22 km.

Perros-Guirec, Côtes d'Armor, Frankreich

UNTEN

Leuchtturm Kermorvan

Der westlichste Leuchtturm auf dem französischen Festland wurde 1849 erbaut. Seit 1994 ist er automatisiert. Seine Feuerhöhe beträgt 20,3 m und sein weißer Lichtblitz ist alle 5 Sekunden 41 km weit sichtbar.

Le Conquet, Finistère, Frankreich

GEGENÜBERLIEGENDE SEITE

Leuchtturm Petit Minou

An den 22 m hohen Granitleuchtturm von 1848, der sich an den Zufahrten zum Marinehafen von Brest befindet, grenzt ein ehemaliger Semaphorturm an. Der 1989 automatisierte Leuchtturm blinkt alle 6 Sekunden weiß und rot und reicht 35 km weit.

Plouzané, Bretagne, Frankreich

LINKS

Leuchtturm Ancona

Am Ende der Nordmole des modernen Hafens von Ancona wurde 1939 dieser niedrige rote Leuchtturm mit einer Feuerhöhe von 11 m errichtet. Seine Leuchte blinkt alle 4 Sekunden rot.

Marken, Italien

GEGENÜBERLIEGENDE SEITE OBEN

Leuchtturm Camogli

Der 11 m hohe Leuchtturm aus weißem Beton wurde in den 1970er-Jahren errichtet und ersetzte einen durch Stürme geschwächten Vorgänger aus dem 19. Jahrhundert. Die Laterne wurde 2011 bei einem Sturm beschädigt und im folgenden Jahr ersetzt.

Ligurien, Italien

GEGENÜBERLIEGENDE SEITE UNTEN

Leuchtturm Puerto Banùs

Am Ende einer langen Mole, die den Yachthafen im modernen Ferienort Puerto Banùs bei Marbella schützt, steht dieses steinerne Leuchtfeuer. Es wurde im Jahr 1970 in traditioneller kreisförmiger Form auf einem breiteren Untergeschoss gebaut und sendet ein feststehendes Licht aus.

Costa del Sol, Spanien

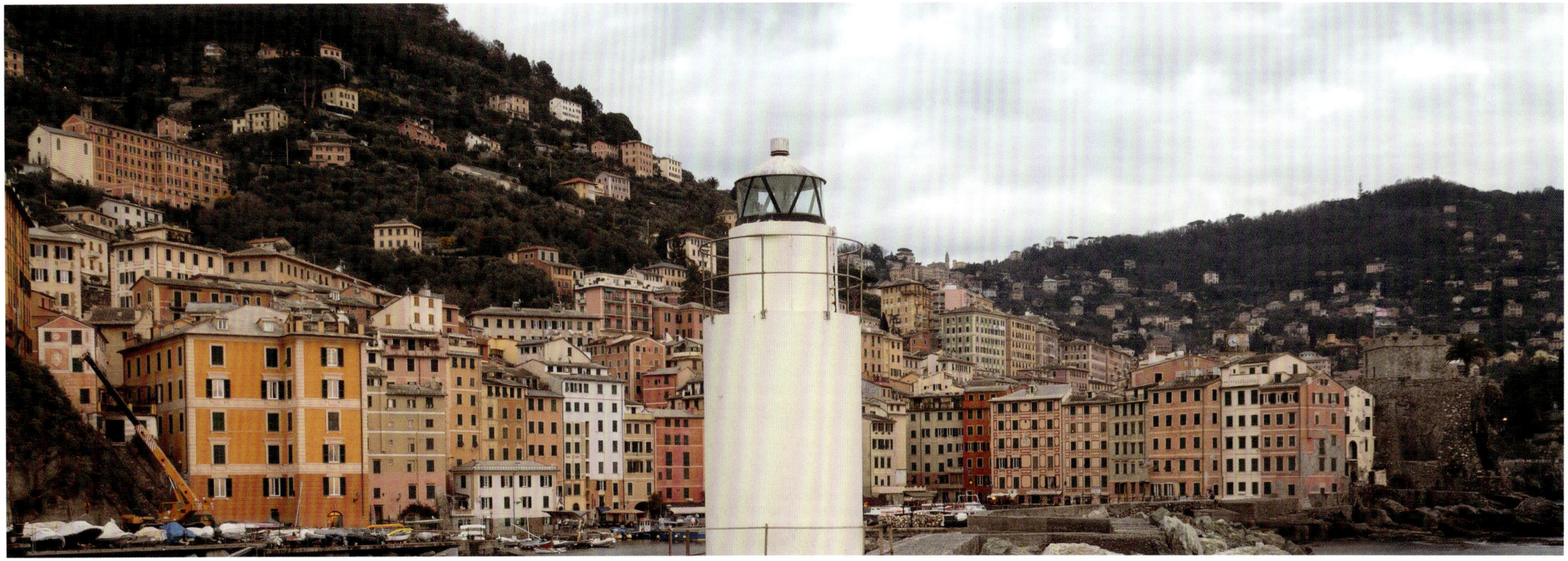

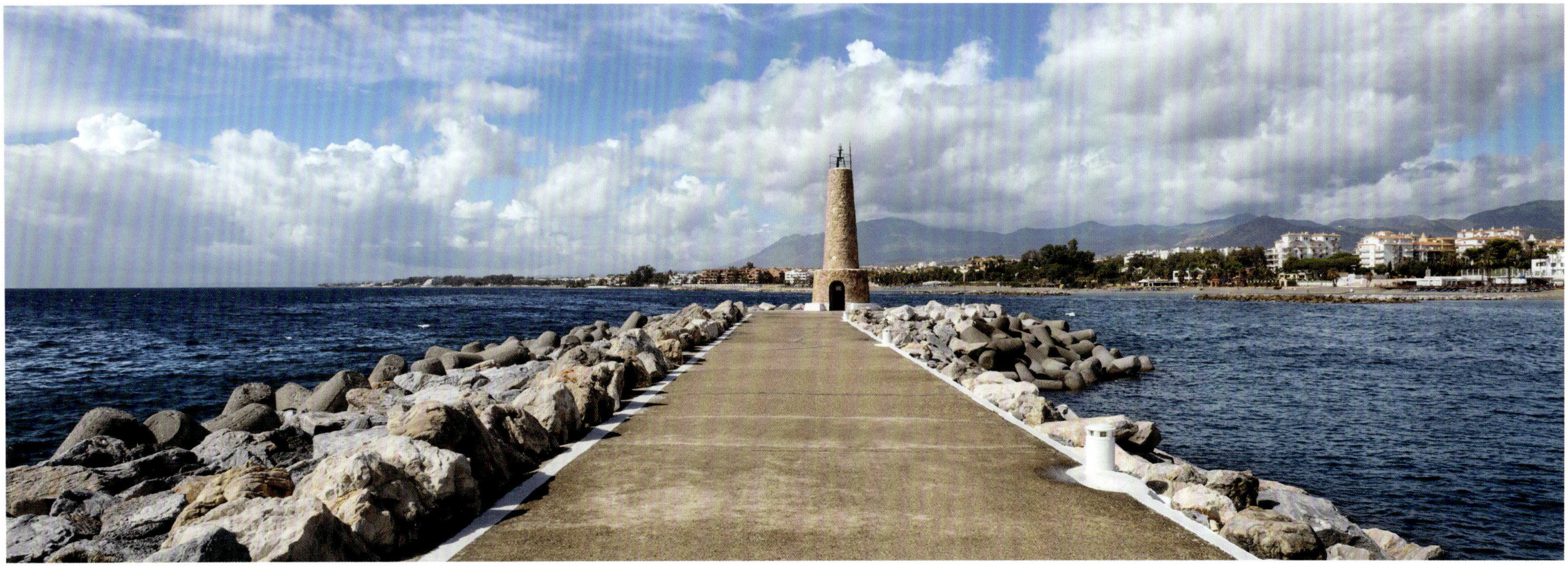

GEGENÜBERLIEGENDE SEITE LINKS UND OBEN

Leuchtturm Pakri

Der höchste Leuchtturm Estlands wurde 2001 renoviert und ist heute ein Museum und gleichzeitig ein aktives Leuchtfeuer. 275 Stufen führen zum Laternendeck hinauf. Innerhalb der Spirale ist das Gerüst zu sehen, das die Ketten und Gewichte umschloss, die das optische System früher gedreht haben.

Der dritte Leuchtturm auf dem Gelände, der 1889 eingeweiht wurde, ist ein zylindrischer Turm aus Ziegelsteinen auf einem achteckigen Sockel. Er ist 52 m hoch, liegt an der Spitze der Pakri-Halbinsel und sendet alle 15 Sekunden einen weißen Lichtstrahl aus, der 22 km weit sichtbar ist.

Kreis Harju, Estland

GEGENÜBERLIEGENDE SEITE UNTEN UND RECHTS

Leuchtturm Gatteville oder Pointe de Barfleur

Der schmale, 75 m hohe Turm, der als dritthöchster Leuchtturm der Welt gilt, wurde 1835 erbaut und ersetzte eine ältere Leuchte. Im Jahr 1893 wurde er mit einem eigenen Generator elektrifiziert. Die Fresnel-Linse 1903 sendet alle 10 Sekunden einen doppelten weißen Lichtblitz aus.

Normandie, Frankreich

LINKS UND GEGENÜBERLIEGENDE
SEITE OBEN

Leuchtturm Cordouan

Dieser Turm im Renaissance-Stil, der 1611
fertiggestellt wurde, ist einer der ältesten
funktionierenden Leuchttürme der Welt.
Erbaut aus Stein und 68 m hoch, wurde
er 1790 um weitere Stockwerke erhöht,
1855 renoviert und 2006 automatisiert.
Sein unterbrochenes Feuer blinkt alle
12 Sekunden weiß, rot und grün.

Gironde-Mündung, Frankreich

GEGENÜBERLIEGENDE SEITE UNTEN
GEGENÜBERLIEGENDE SEITE RECHTS

Leuchtturm La Coubre

Dieses Bild zeigt den gefliesten Innen-
und Wendeltreppenbereich des 1905
aus Beton gebauten, 64 m hohen Leuchtturms. Die seit 2000 automatisierte Fresnel-
Linse erster Ordnung sendet alle 10 Sekunden zwei weiße Lichtblitze aus, die
bis in eine Entfernung von 43 km zu
sehen sind.

Charente Maritime, Frankreich

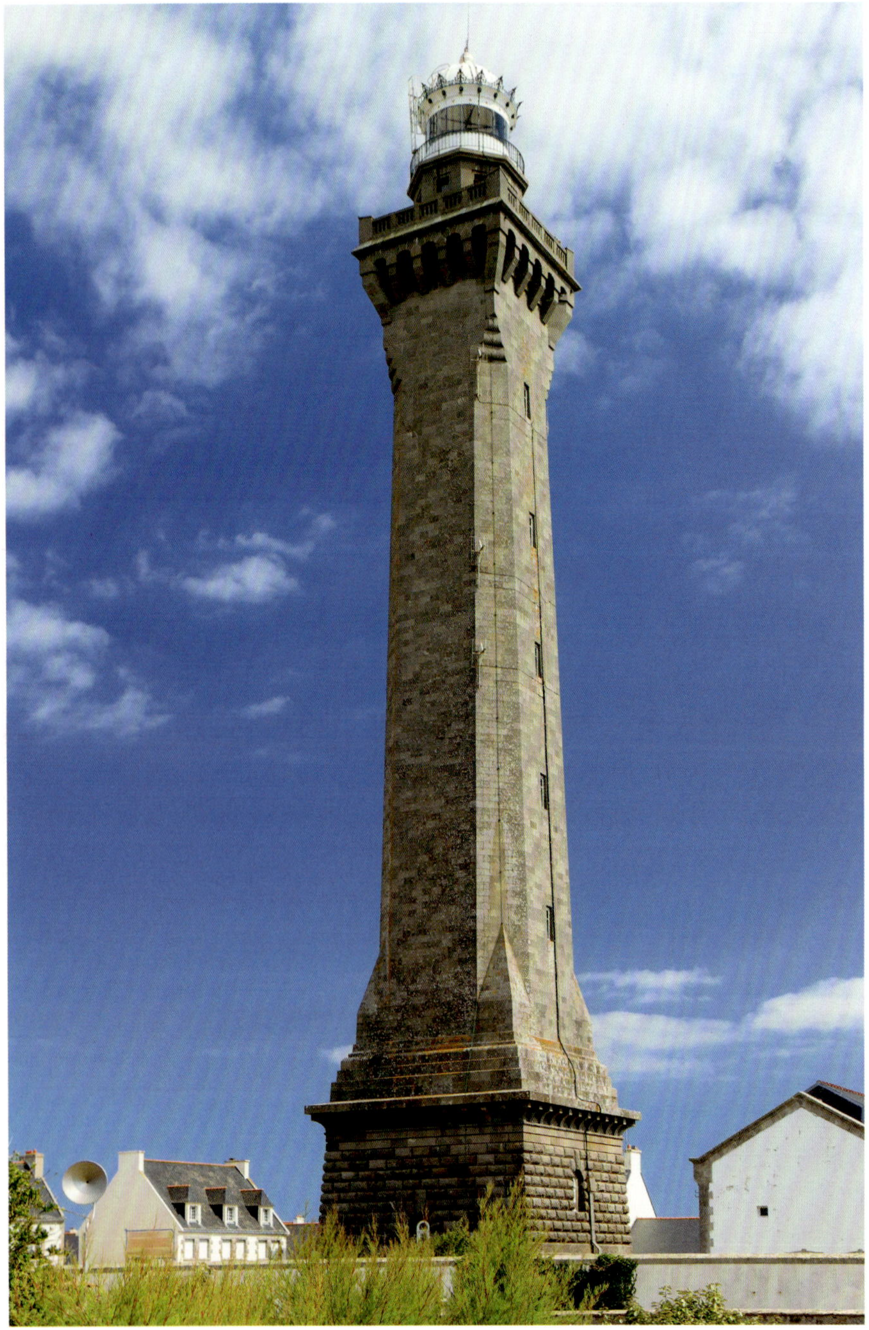

LINKS UND UNTEN

Leuchtturm Eckmühl

227 Stufen führen hoch zur 60 m hoch gelegenen Ebene des Technikraums und der Balustrade unter der Laterne. Der burgartige Granitturm stammt aus dem Jahr 1890 und die Laterne sendet alle 5 Sekunden einen weißen Lichtblitz aus.

Penmarc'h, Frankreich

GEGENÜBERLIEGENDE SEITE

Leuchtturm Skagen Grå Fyr

Das erste Leuchtfeuer an dieser maritimen Kreuzung wurde 1560 errichtet; der heutige Turm wurde 1858 in Betrieb genommen. Er ist 46 m hoch und dominiert optisch die flache, sandige Küste.

Skagen, Jütland, Dänemark

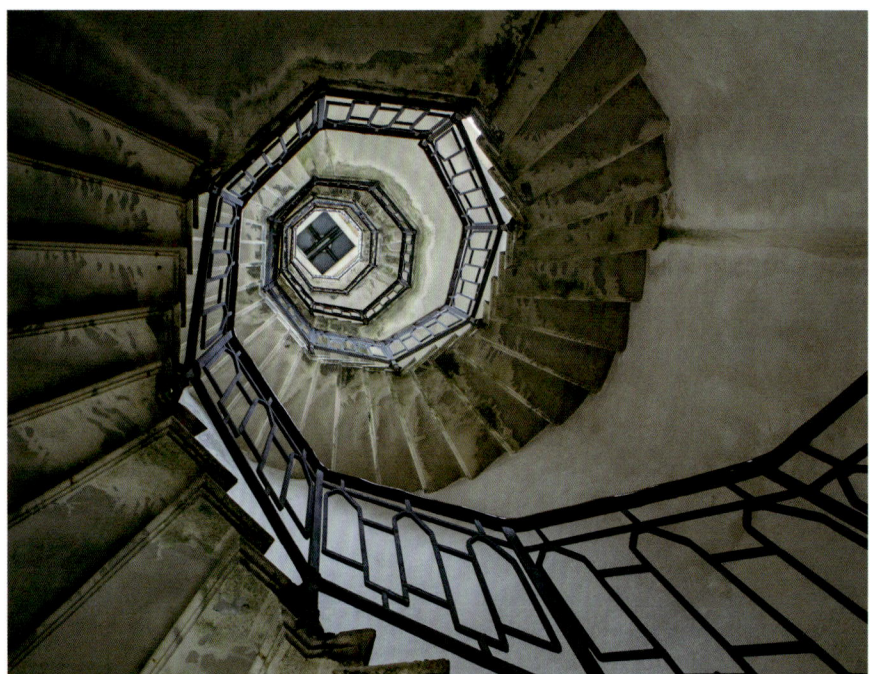

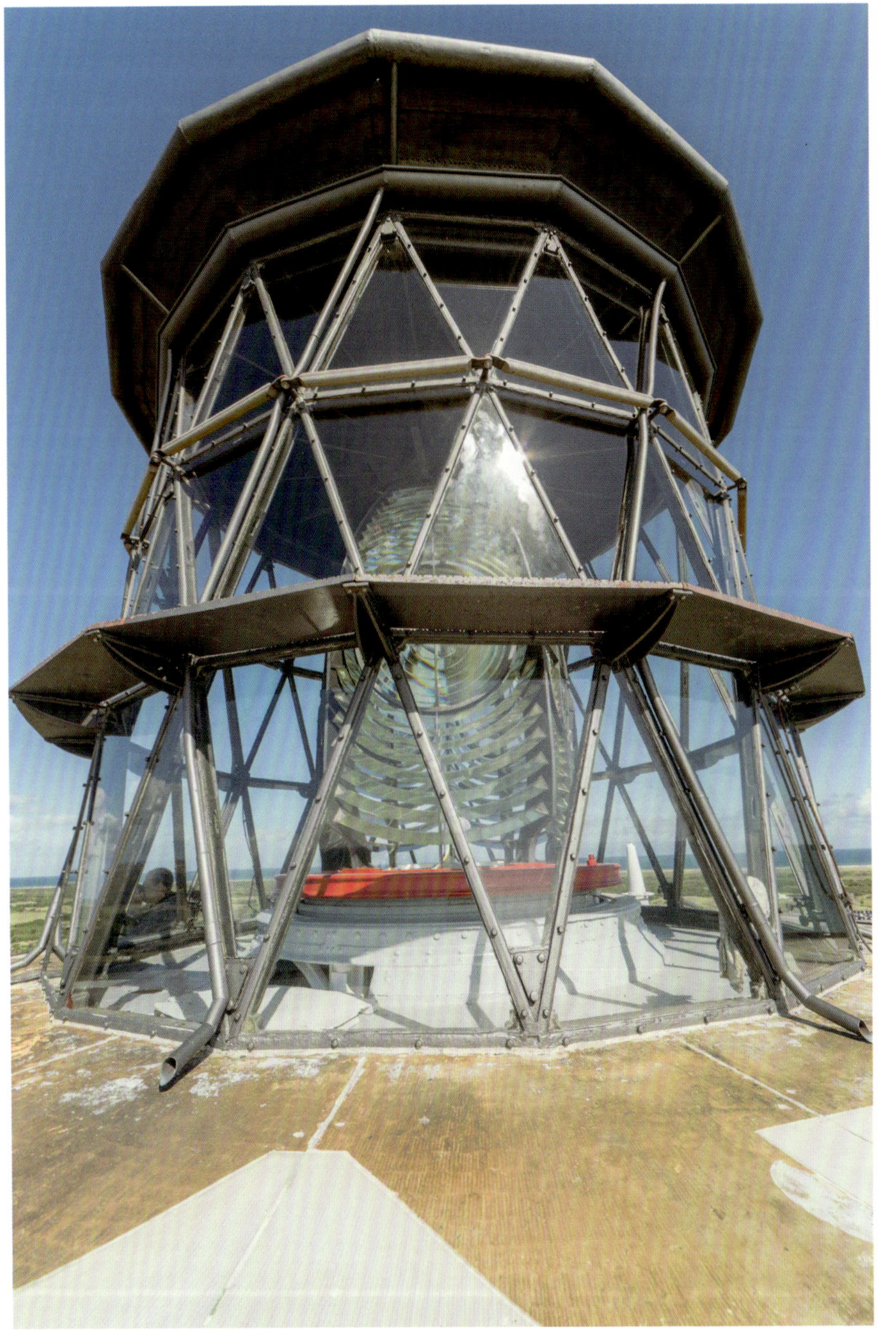

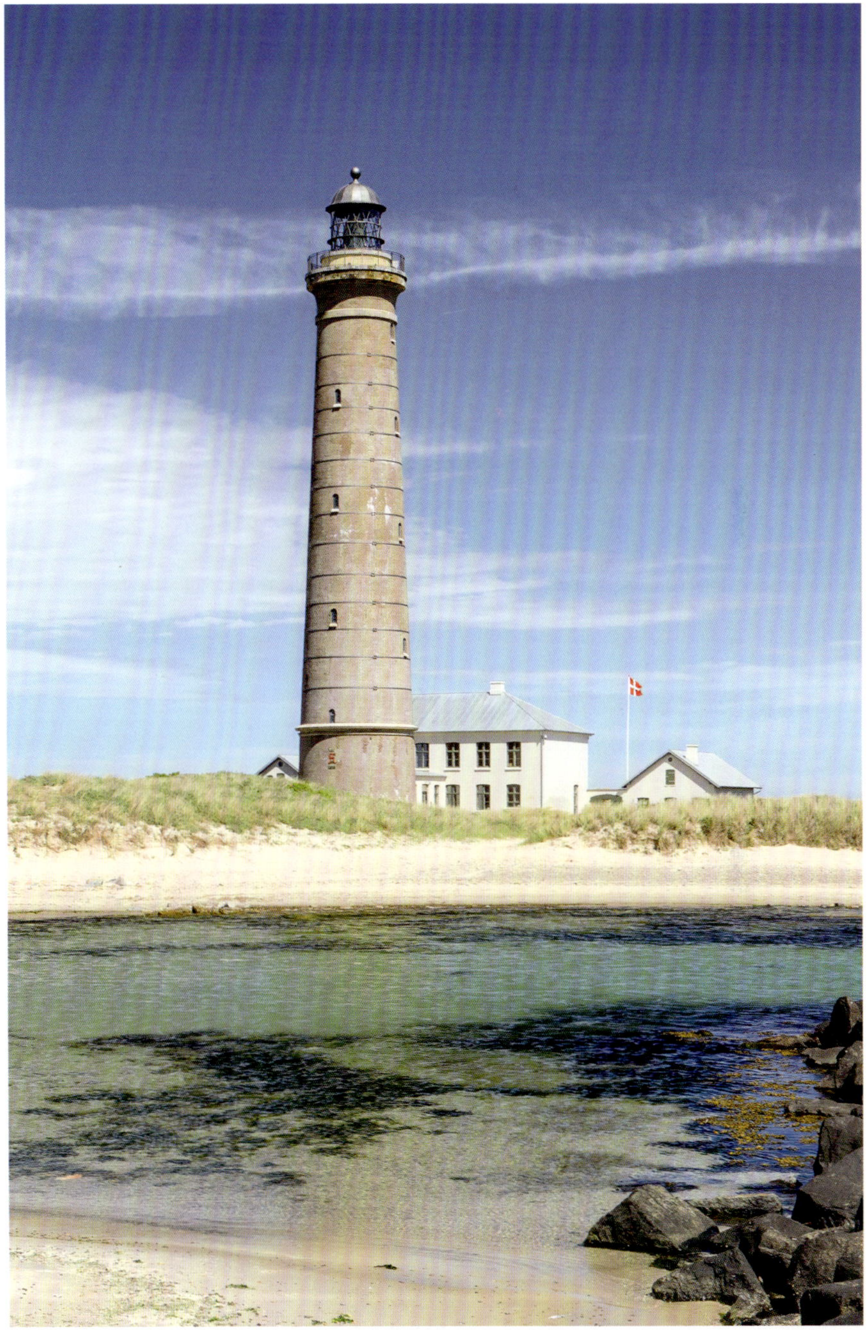

GEGENÜBERLIEGENDE SEITE

Leuchtturm Rivinletto

Dieser kleine Leuchtturm aus Beton, 1939 an der Mündung des Kiiminkijoki-Flusses in Haukipudas, Oulu, erbaut, ist ein Sektorleuchtfeuer. Er soll den Schiffen helfen, sich in dunklen Gewässern zurechtzufinden, indem er verschiedenfarbiges Licht aus verschiedenen Winkeln oder einen weißen Lichtblitz aussendet.

Kaasamatala, Finnland

RECHTS OBEN

Leuchtturm Dyna

Dieser eher idyllisch aussehende, teilweise auf Pfählen errichtete Holzleuchtturm wurde 1875 errichtet. Seine Feuerhöhe beträgt 6 m und sein unterbrochenes Feuer leuchtet alle 8 Sekunden weiß, rot und grün. Er wurde 1956 automatisiert und beherbergt auch ein Restaurant.

Oslofjord, Norwegen

RECHTS UNTEN

Leuchtturm Skallen

Auf der Westseite der Insel Marstrandsön wurde 1944 dieses kurze, zylindrische Betonbauwerk errichtet, mit einer Feuerhöhe von 13 m. Das solarbetriebene Leuchtfeuer blinkt in verschiedenen Richtungen im Abstand von 2 Sekunden im Gleichtakt weiß, rot und grün.

Bohuslän, Schweden

Leuchtturm Urk

Dieser Turm aus weiß-gestrichenen Backsteinen, der sich vom Hafen-
damm erhebt und auf das Binnenmeer blickt, wurde 1845 erbaut und
1972 restauriert. Er ist 18,5 m hoch und hat noch seine ursprüngliche
Fresnel-Linse, die alle fünf Sekunden blinkt.

IJsselmeer, Niederlande

Leuchtturm Rubjerg Knude

Die unaufhaltsame Anhäufung von Sanddünen und die fortschreitende
Küstenerosion führten 1968 zur Schließung dieses 23 m hohen quadratischen Turms, der ursprünglich 1900 eröffnet wurde. Er wurde 2002
vollständig aufgegeben und man rechnet damit, dass er bis 2023 ins
Meer stürzen wird.

Jütland, Dänemark

RECHTS

Leuchtturm Rethymno

Der manchmal auch als „Türkischer Leuchtturm" bezeichnete Turm steht seit 1864 am Hafen und ersetzt ein älteres Gebäude, das während der venezianischen Kontrolle des Hafens errichtet wurde. Sein Laternendeck kann beleuchtet werden, ist aber nicht mehr als reguläres Leuchtfeuer in Betrieb.

Kreta, Griechenland

LINKS

Leuchtturm Alanya

Im Jahr 2009 wurde der Leuchtturm in diesem Ferienort mit einem bewusst malerischen Erscheinungsbild und einer großen Aussichtsgalerie gebaut. In einer Feuerhöhe von 20 m gibt er alle 5 Sekunden einen grünen Lichtblitz ab.

Alanya, Türkei

GEGENÜBERLIEGENDE
SEITE LINKS

Leuchtturm Llanes

Dieser niedrige Steinturm ist mit dem Haus des Wärters verbunden. Er wurde 1961 erbaut, um ein provisorisches Licht zu ersetzen, nachdem der ursprüngliche (1860) Turm nach einem Brand im Jahr 1946 unbrauchbar geworden war. Mit einer Feuerhöhe von 12 m sendet er alle 15 Sekunden viermal weißes Licht aus.

Asturien, Spanien

OBEN

Leuchtturm La Jument

Der massive obere Teil dieses 47 m hohen, achteckigen Granitturms wird oft von hohen Wellen umtost. 1911 eröffnet, verfügt er über eine Fresnel-Linse, die alle 15 Sekunden drei rote Lichtblitze aussendet.

Quessant, Frankreich

Leuchtturm Garðskagi

Über dem Leuchtturm kann man häufig ein besonderes Phänomen beobachten: das Polarlicht. Der Turm besteht aus einer quadratischen Betonkonstruktion mit einer Höhe von 12,5 m und wurde 1897 erbaut. Sein Lichtsystem wurde in einen neuen, höheren Turm verlegt, der 1944 in der Nähe gebaut wurde.

Garður, Island

OBEN

Leuchtturm Brandaris

Der erste Brandaris-Turm wurde 1323 gebaut. Der quadratische, 52,5 m hohe Turm mit Blick auf das Wattenmeer stammt aus dem Jahr 1594. Von 1594 bis 1604 war er beleuchtet, später erst wieder ab ca. 1830. Er sendet heute alle 5 Sekunden einen weißen Lichtblitz aus.

Terschelling, Friesland, Niederlande

UNTEN

Leuchtturm Les Pâquis

Der kunstvolle, achteckige Turm aus Gusseisen mit einer Höhe von 17 m, der 1896 fertiggestellt wurde, ist ein berühmtes Genfer Wahrzeichen. Er ist regelmäßig beleuchtet, fungiert aber immer noch als Leuchtturm, mit weißen und grünen Lichtern, die in verschiedene Richtungen strahlen.

Genf, Schweiz

LINKS

Leuchtturm Prcanj

Die 4 m lange schwarz-
weiße Säule markiert den
Ankerplatz in der Kotor
Bay und blinkt alle drei
Sekunden grün. Prcanj war
einst ein wichtiger Adria-
hafen; dieses Leuchtfeuer
aus dem 20. Jahrhundert
ersetzt eine Reihe älterer
Leuchttürme.

Kotor Bay, Montenegro

GEGENÜBERLIEGENDE SEITE

Leuchtturm
Cabo de Palos

Dieser Leuchtturm, der
1865 erstmals beleuchtet
wurde und einen alten
Wachturm ersetzte, ist
51 m hoch und wurde aus
Mauerwerk gebaut. Das
zweigeschossige Basis-
gebäude war ursprünglich
als Trainingszentrum für
Leuchtturmwärter geplant.

Murcia, Spanien

LINKS

Leuchttürme Tamis River

1909 wurden zwei gegenüberliegende Türme errichtet, um den Zusammenfluss der Tamis mit der Donau zu markieren. Sie wurden auf schrägen Steinplattformen gebaut, um Überflutungen zu berücksichtigen, und stehen 6 m über dem Normalwasserstand. Sie wurden 2009 restauriert, fungieren aber nicht mehr als Beleuchtung.

Donau, Serbien

GEGENÜBERLIEGENDE SEITE OBEN

Leuchtturm Morskoy

Gleich mehrere Leuchtfeuer markieren die Einfahrt zu dem großen Marinehafen. Dieser Betonturm stammt aus dem Jahr 1914. Es handelt sich um ein 41,5 m langes, sich leicht verjüngendes Achteck mit schwarz-weißen Tagesmarkierungen zum Kanal hin. Es sendet alle 6 Sekunden einen langen weißen Lichtblitz aus.

Kronstadt, Russland

GEGENÜBERLIEGENDE SEITE UNTEN

Leuchtturm Sakhalin

Die Insel Sachalin vor der Ostküste Russlands hat eine felsige Küste und die Häfen werden von verschiedenen Leuchtfeuern bewacht. Dieses Leuchtfeuer steht am Ende von eisbedeckten Felsen.

Sachalin, Russland

OBEN

Leuchtturm Ricasoli

Mediterrane Wellen peitschen an den östlichen Wellenbrecher. Der Leuchtturm aus Kalksteinmauerwerk wurde 1908 errichtet. Er hat eine Feuerhöhe von 11 m und sendet in schnellen Intervallen einen roten Lichtblitz aus.

Valletta, Malta

GEGENÜBERLIEGENDE SEITE

Leuchtturm Strombolicchio

Der zylindrische weiße Turm, der seit 1925 auf einem erloschenen Vulkan steht, hat eine Feuerhöhe von 57 m und blinkt alle 15 Sekunden weiß. Der benachbarte aktive Vulkan Stromboli wird auch „Leuchtturm des Mittelmeeres" genannt.

Äolische Inseln, Italien

Andere europäische Länder

Leuchtturm Noorderhoofd

Auf der Nordseeseite des Deiches gelegen, war dies der erste runde gusseiserne Leuchtturm in den Niederlanden. Er wurde 1875 errichtet, ist 20 m hoch und blinkt rot, weiß und grün.

Westkapelle, Niederlande

Leuchtturm Eierland

Der 34,7 m hohe, rot bemalte Backsteinturm steht seit 1864 am nördlichen Ende von Texel. 1945 beschädigt, wurde seine Höhe reduziert, aber seine beiden weißen Blitze alle 10 Sekunden sind 54 km weit sichtbar.

Texel, Niederlande

Leuchtturm Torredembarra

Der Ende 1999 eingeweihte, achteckige, weiße Betonturm ist 38 m hoch und verfügt über einen besonders breiten und überdachten Beobachtungsstand. Das Leuchtfeuer sendet alle 30 Sekunden fünf weiße Lichtblitze aus.

Tarragona, Katalonien, Spanien

LINKS

Leuchtturm Świnoujście

Für dieses 10 m hohe Leuchtfeuer, das 1874 gegründet wurde, wurde die Form einer traditionellen Windmühle mit (nicht drehenden) Flügeln gewählt. Das Licht ist ein unterbrochener weißer Lichtblitz alle 10 Sekunden.

West-Pommern, Polen

GEGENÜBERLIEGENDE SEITE LINKS

Leuchtturm Verdens Ende

Das am „Ende der Welt" (Verdens Ende) gelegene Leuchtfeuer ist eine Nachbildung einer alten Kipp- oder Klappleuchte aus dem Jahr 1932. Der Feuerkorb ist an einem abgewinkelten Balken aufgehängt, der abgesenkt werden kann, um das Feuer wieder zu schüren. Der Sockel ist aus Steinen vom Strand gebaut.

Tjøme, Vestfold, Norwegen

GEGENÜBERLIEGENDE SEITE RECHTS

Leuchtturm Sulina

Dieser 1887 zur Unterstützung der Schifffahrt im Donaudelta gebaute Turm wurde 1983 durch einen modernen Turm ersetzt. Der Leuchtturm ist seit vielen Jahren inaktiv und befindet sich heute in einem veralteten Zustand. Er hat eine Galerie im Eingangsbereich und ist 14 m hoch.

Rumänien

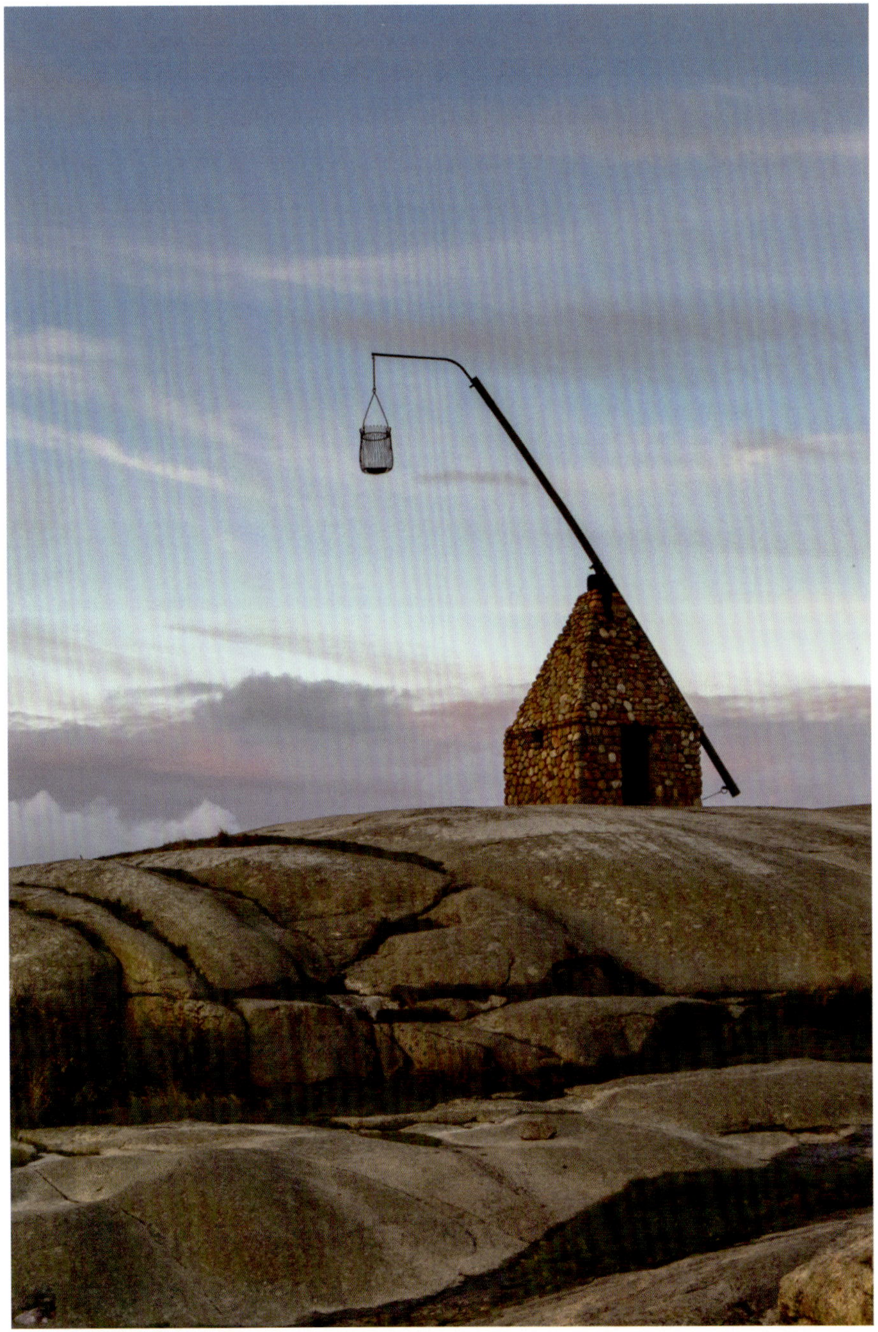

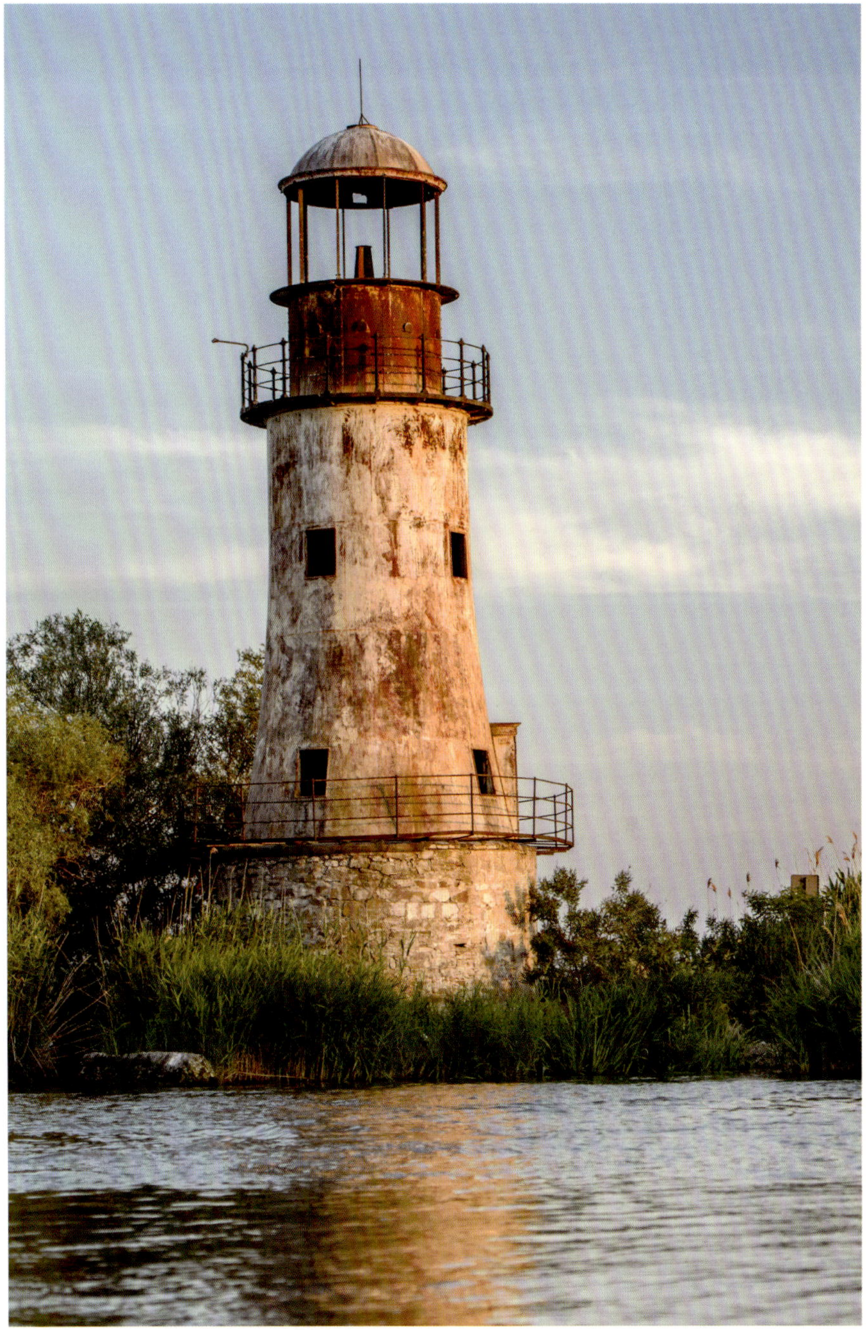

USA UND KANADA

Amerikaner schätzen ihre Leuchttürme sehr. Das Aufkommen von Satellitennavigation, Radar und GPS hat zwar die Zahl der aktiven Leuchttürme in den letzten dreißig Jahren stark reduziert, doch haben viele Gemeinden Leuchttürme übernommen, die ansonsten abgerissen worden oder verfallen wären. Sie wurden renoviert und dienen heute als privates Navigations-Leuchtfeuer – und sind zugleich ein Symbol für Städte und Landkreise.

Die ersten amerikanischen Leuchttürme wurden während der Kolonialzeit von britischen und holländischen Siedlern an der Ostküste errichtet. Der Erste im Hafen von Boston wurde 1716 errichtet und 60 Jahre später von den britischen Truppen im amerikanischen Unabhängigkeitskrieg gesprengt. Bis zum Jahr

1789 gab es 15 Leuchttürme, die von örtlichen Unternehmen nach eigenen Entwürfen an der Küste errichtet wurden. Im Laufe des folgenden Jahrhunderts wurden Hunderte weiterer Leucht-türme sowohl an den Großen Seen als auch an der Pazifikküste errichtet.

Sämtliche amerikanischen Leuchttürme unterliegen der Kontrolle und Verwaltung durch die US Coast Guard (Küstenwache). Kana-dische Leuchttürme unterliegen dem Ministerium für Marine und Fischerei, werden aber auch oft von Häfen und Gemeinden unterhalten und betrieben, oft mit Hilfe von freiwilligen Gruppen.

GEGENÜBERLIEGENDE SEITE

Leuchtturm Eastern Point

Dieser Leuchtturm ist der dritte an diesem Standort. Er wurde 1890 aus weißen Ziegelsteinen erbaut und ist 11 m hoch. Der über einen Damm aus Granitblöcken erreichbare Turm wurde im Jahr 1986 automatisiert. Alle 5 Sekunden sendet er einen weißen Lichtstrahl aus.

Cloucester, Massachusetts, USA

Leuchtturm Outer Light

Bei einem Sturm bricht die Gischt gegen den vierseitigen, gusseisernen Turm. Der ursprüngliche Turm war weniger widerstandsfähig: Er bestand aus Holz und war im Jahr 1872 errichtet worden. 1938 wurde er umgebaut und durch eine 15 m hohe Stahlverkleidung verstärkt. Er strahlt ein feststehendes weißes Licht aus.

Sodus Bay, New York State, USA

GEGENÜBERLIEGENDE SEITE UNTEN

Leuchtturm Mystic Seaport

Halb aufgetautes Eis läutet das Ende des Winters im historischen Hafen von Mystic ein. Der 8 m hohe, gedrungene Leuchtturm am südlichen Ende ist der kürzeste von New England und zugleich ein Orientierungslicht für ankommende Schiffe.

Connecticut, USA

OBEN

Leuchtturm Grand Haven

Der erste Leuchtturm auf dem Südpier wurde 1839 erbaut; der heutige stahlgefasste Leuchtturm stammt aus dem Jahr 1905. Das außenliegende Gebäude beherbergt auch die Nebelsignalanlage.

Michigan, USA

Leuchtturm West Pierhead

Hier wurde 1831 erstmals ein Leuchtfeuer installiert. Dieses Bild zeigt den heutigen, gusseisernen Leuchtturm, von Eis bedeckt. Er wurde 1911 gebaut, um Schiffe vom Erie-See in den Hafen von Cleveland und den Cuyahoga-Fluss zu leiten. Inzwischen ist der Leuchtturm außer Betrieb.

Cleveland Harbor, Ohio, USA

UNTEN

Leuchtturm Port Washington Breakwater Light

Die Großen Seen Nordamerikas sind von Leuchttürmen umgeben. Dieser 23,7 m hohe Metallturm im Art-déco-Stil auf gewölbtem Sockel wurde 1934/1935 errichtet. Allerdings ist er nicht mehr funktionsfähig und sein Leuchtfeuer wurde entfernt.

Lake Michigan, Wisconsin, USA

GEGENÜBERLIEGENDE SEITE

Leuchtturm Peggy's Point

Dieser malerisch gelegene, nach Westen gerichtete Leuchtturm an der Südwestküste von Nova Scotia ist eine beliebte Touristenattraktion. Der achteckige, 15,2 m hohe Turm hatte einst eine eigene Poststation. Seit 2009 strahlt der Leuchtturm ein feststehendes rotes Licht aus.

Nova Scotia, Kanada

Leuchtturm Outer Lighthouse

Dicke Eisschollen umklammern den 10,7 m hohen Eisen-
turm und seinen erhöhten Zugangsweg am Ende der
Hafenmole. Seit 2008 werden sowohl das innere als auch
das außenliegende Leuchtfeuer als historischer Ort von
der Stadt verwaltet.

St. Joseph North Pier, Lake Michigan, Michigan, USA

OBEN

Leuchtturm Octagon

Der 1906 erbaute achtseitige hölzerne Turm streckt sich
von einem Betongebäude aus in eine Höhe von 17 m.
Seit 1973 ist er ein unbemanntes, automatisiertes Leuchtfeuer, das von einer lokalen Organisation gepflegt wird.
Streng genommen und unter technischen Aspekten handelt
es sich hier lediglich um eine Lichtstation – der Begriff
„Leuchtturm" ist für freistehende Türme reserviert.

Eldred Rock, Haines, Alaska, USA

UNTEN

Leuchtturm Cape Neddick

Dieser 12,5 m hohe Turm in Backstein- und Gusseisen-
bauweise ist seit 1879 aktiv. Seine Feuerhöhe (Ebene des
Lichtstrahls) liegt bei 14,6 m. Die aktuelle Linse wurde
1928 installiert. Seit 1987 automatisiert, blinkt sie alle
6 Sekunden rot auf.

Maine, USA

OBEN

Leuchtturm Battery Point

Der 14 m hohe Backsteinturm ragt aus einem Gebäude in die Höhe, in dem Öllager, Mannschaftsquartiere und Nebelsignalanlagen untergebracht waren. Seit 1856 in Betrieb und 1953 automatisiert, hat der Leuchtturm viele Stürme überlebt, darunter den Tsunami von 1964.

Crescent City, Kalifornien, USA

UNTEN

Leuchtturm Alcatraz Island

Seit 1854 steht hier ein Leuchtturm. Mit der Erweiterung des Gefängnisses von Alcatraz 1909 wurde auch ein neuer zementierter Turm gebaut, mit der Beleuchtungsanlage des Vorgängers. Ausgestattet mit einem rotierenden VRB-25-Leuchtfeuer, blinkt er alle 5 Sekunden weiß auf.

San Francisco Bay, USA

GEGENÜBERLIEGENDE SEITE

Leuchtturm Castle Hill

Dieser in die Klippen gebaute Leuchtturm ist ein kompaktes weißes Bauwerk von 10 m Höhe, das alle 30 Sekunden einen roten Lichtstrahl aussendet. Er wurde 1890 erstmals entzündet und ist als Start- und Zielpunkt für Yachtrennen bekannt.

Narragansett Bay, Newport, Rhode Island, USA

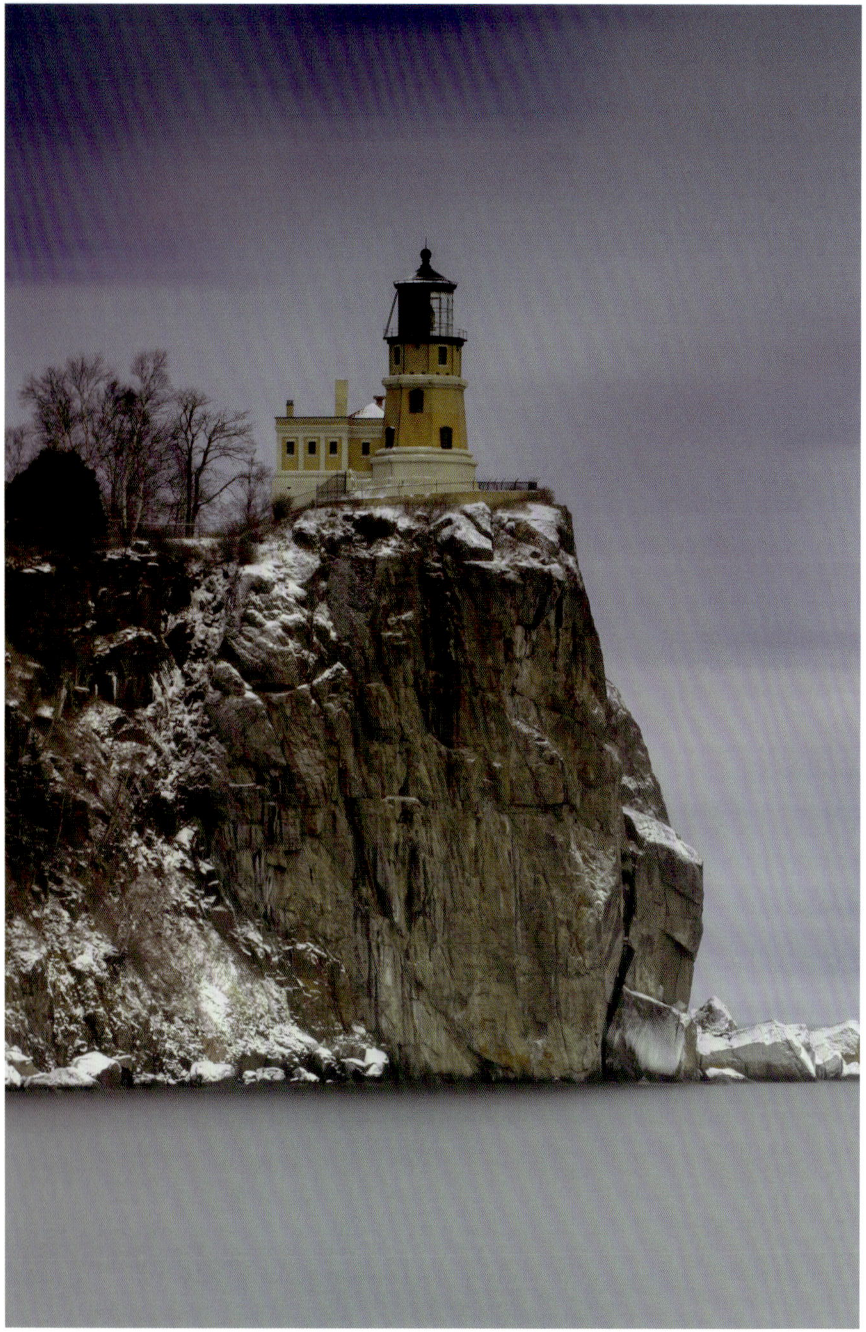

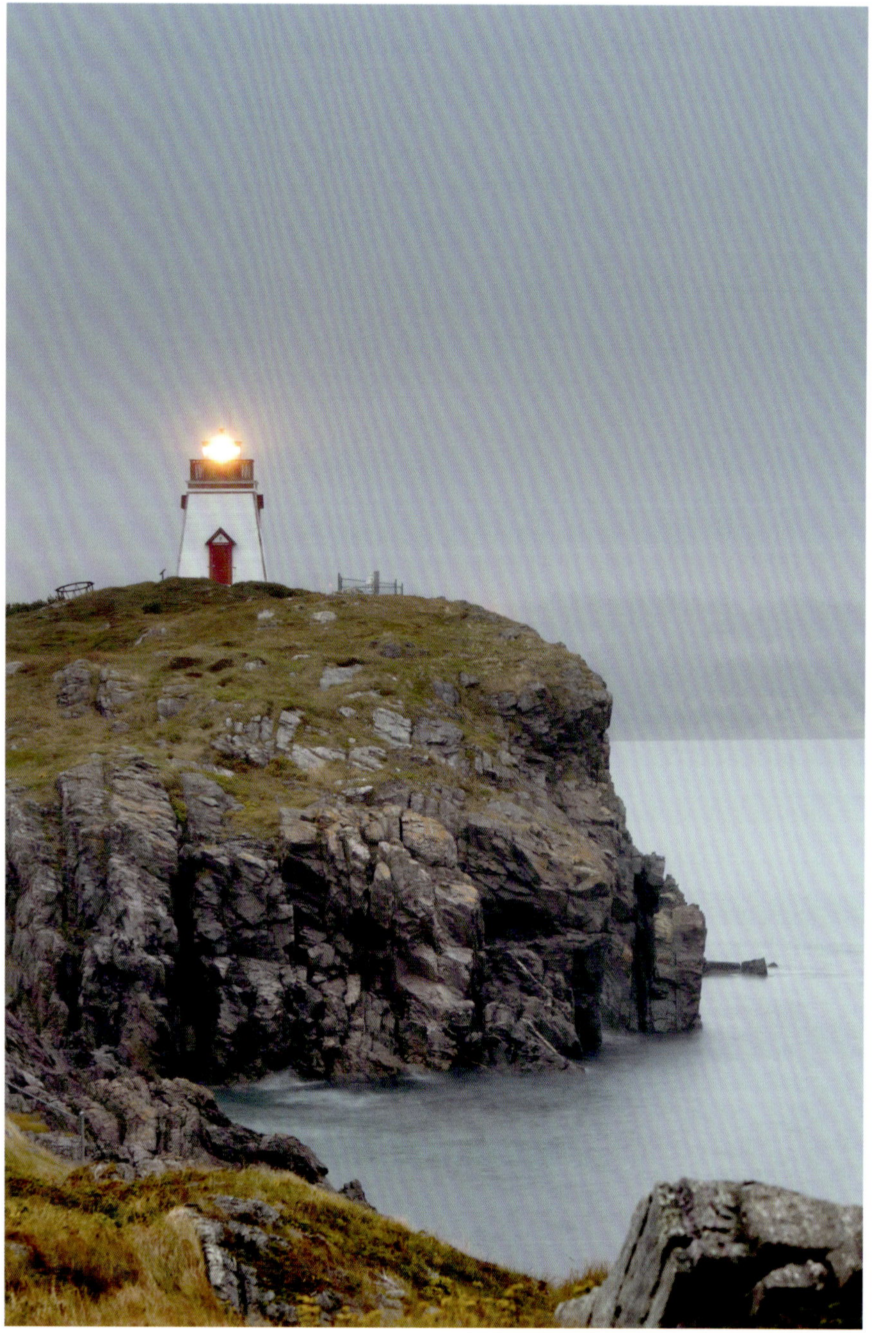

GEGENÜBERLIEGENDE SEITE LINKS

Leuchtturm Split Rock State Park

Der zweistufig gebaute, achteckige Backsteinturm liegt südwestlich von Silver Bay
am Lake Superior. Er ist 16 m hoch und
hat eine Feuerhöhe von 40 m. Im Jahr
1969 stillgelegt, wurde er aber inzwischen
als Besonderheit des Split Rock State
Parks restauriert und in den Zustand der
1920er-Jahre versetzt.

Minnesota, USA

GEGENÜBERLIEGENDE SEITE RECHTS

Leuchtturm Fort oder
Admiral's Point

Seit 1874 steht hier ein Leuchtturm. Der
heutige Turm, obwohl im traditionellen
Stil gebaut, stammt erst aus dem Jahr
2003. Er thront 22,8 m über dem Meer
und sendet im 5-Sekunden-Takt einen
weißen Lichtstrahl aus.

Bonavista Peninsula, Neufundland, Kanada

RECHTS

Leuchtturm North Head

Der heute in einem Staatspark gelegene,
20 m hohe Leuchtturm ging 1898 in Betrieb und wurde ab 1961 automatisiert.
Es sendet alle 30 Sekunden zwei weiße
Lichtblitze im 7,5-Sekunden-Intervall aus.

*Cape Disappointment, Washington
State, USA*

Leuchtturm Mukilteo

1823 führte der französische Physiker Augustin-Jean Fresnel ein System von prismatischen Linsen ein, das einen Lichtstrahl stark intensivierte. In sechs verschiedenen Größen wurde die Fresnel-Linse zur Standardausrüstung in Leuchttürmen auf der ganzen Welt. Der Leuchtturm Mukilteo sendet alle 5 Sekunden einen weißen Lichtblitz aus.

Snohomish County, Washington State, USA

Leuchtturm Yaquina Head

Das Bild zeigt das Innere der ursprünglichen Fresnel-Linse von 1868, die sich in Oregons höchstem Leuchtturm (28 m) befindet. Zuerst mittels Öl und heute elektrisch beleuchtet, ist der Strahl 34 km weit zu sehen. Die Linse dreht sich über einen Riemenscheiben-Mechanismus, den die Leuchtturmwärter aufziehen mussten.

Newport, Oregon, USA

Leuchtturm Point Reyes

Das Laternendeck hat zwei Außengänge: einen zur Beobachtung, den anderen zur Reinigung der Außenscheibe, die nach Stürmen mit Salz verschmiert ist. Der Leuchtturm am Eingang der San Francisco Bay ist seit 1870 in Betrieb.

Kalifornien, USA

Leuchtturm Kilauea

Auf diesem Bild und auf dem Bild des Point Reyes Lighthouse sind die Lüftungskugel (mit der Rauch und Wärme aus dem Laternendeck abgezogen und ein Luftstrom für die kerosingefeuerte Flamme erzeugt wird) und der Blitzableiter des typischen Leuchtturms aus dem 19. Jahrhundert zu sehen. Das Kilauea Lighthouse wurde 2013, 100 Jahre nach seinem Bau, restauriert.

Kauai Island, Hawaii, USA

Leuchtturm Gay Head

Unterhalb des Laternendecks befand sich der Technikraum, in dem der Drehmechanismus bedient wurde, mit einer Tür zu einem externen Gang. Der Leuchtturm wurde 2015 wegen der Küstenerosion um 39 m ins Landesinnere verlegt.

Aquinnah, Martha's Vineyard, Massachusetts, USA

GEGENÜBERLIEGENDE
SEITE RECHTS

Leuchtturm
Montauk Point

Im Jahr 1769 wurde erst-
mals am östlichsten Punkt
von Long Island ein Leuchtturm installiert. Der heutige
Sandsteinturm ist das Er-
gebnis einer Erhöhung
um 4 m im Jahr 1860 und
wurde 1998/1999 restau-
riert. Sein Kennzeichen ist
ein braunes Band und er
sendet alle 5 Sekunden
ein weißes Lichtsignal aus.

*Long Island, New York,
USA*

RECHTS

Leuchtturm
Harbour Town

Dieser private Leuchtturm,
der 1970 fertiggestellt
wurde, verleiht einem
Ferienhafen eine besonde-
re Note. Der sechseckige,
27 m hohe Turm ist über
einem Holzrahmen metall-
verkleidet und rot-weiß
gebändert. Er blinkt alle
25 Sekunden weiß.

*Hilton Head, South
Carolina, USA*

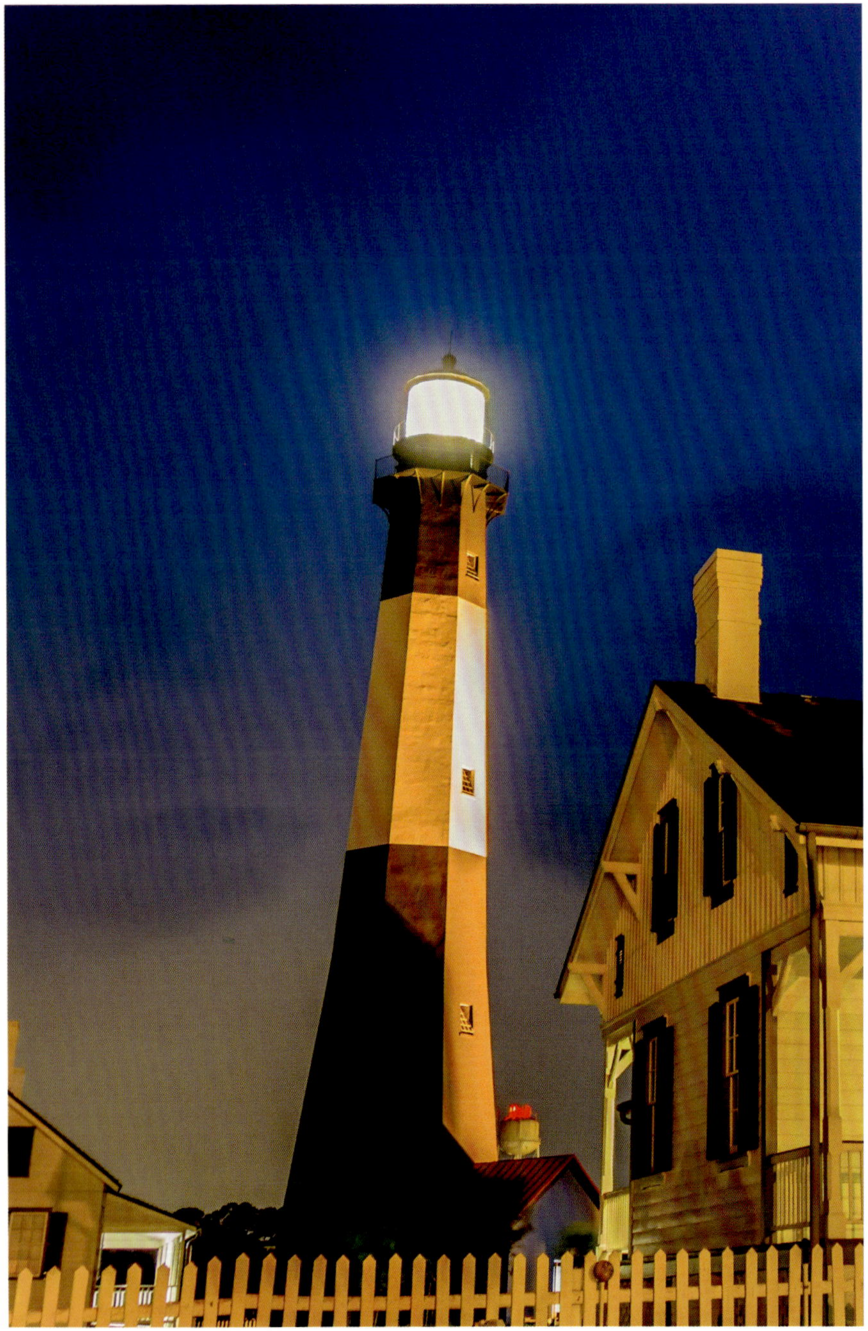

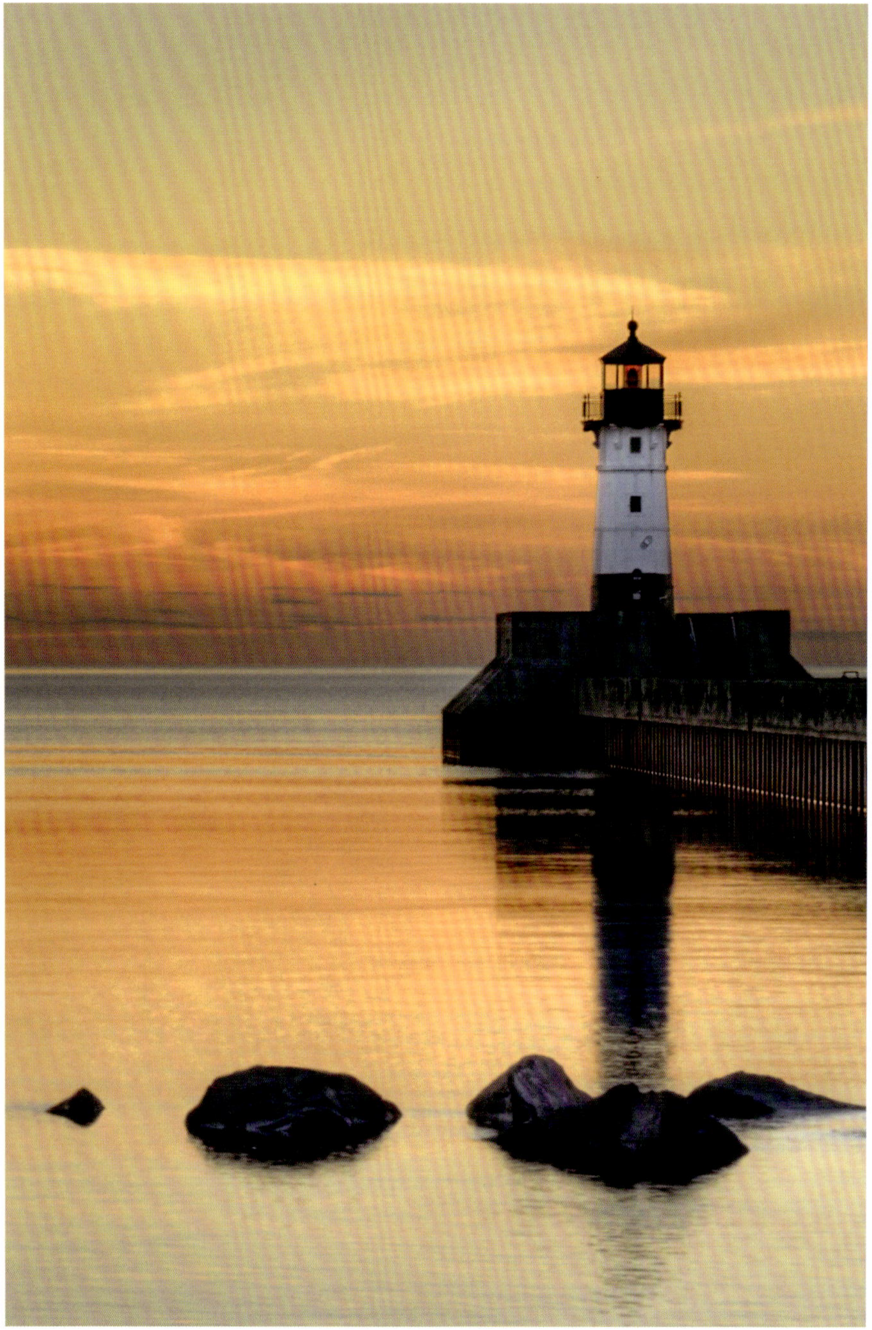

Leuchtturm Tybee Island

Dies ist eine der ältesten Leuchtanlagen der USA und seit 1736 in Betrieb. Der schwarze Backsteinturm mit seinem breiten weißen Band wurde 1866 umgebaut und erhöht und in den Jahren 1998/1999 restauriert. Er ist 47 m hoch und hat 178 Stufen. Sein weißer Leuchtstrahl ist aus 29 km Entfernung sichtbar. Der Leuchtturm ist im Besitz der Tybee Island Historical Society.

Georgia, USA

Leuchtturm North Pier

Am Eingang zum Duluth-Schiffskanal steht seit 1910 ein runder Turm aus Stahlblech, 11 m hoch, weiß lackiert, mit einem schwarzen Laternendeck. Er hat noch seine ursprüngliche Fresnel-Linse mit einer Reichweite von 30 km.

Duluth, Minnesota, USA

Leuchtturm Cape Meares

Große atmosphärische Effekte werden oft von Leuchttürmen aus beobachtet. Als dieser Turm von 1890 im Jahr 1963 durch einen neuen ersetzt wurde, übernahmen ihn örtliche Interessenten, die ihn noch heute unterhalten. Er ist achteckig, aus Ziegelsteinen mit Eisenverkleidung gebaut und 12 m hoch.

Tillamook Bay, Oregon, USA

GEGENÜBERLIEGENDE SEITE LINKS

Leuchtturm Point Sur

Der quadratische Turm, der 1889 auf einem Felsvorsprung aus vulkanischem Gestein errichtet und beleuchtet wurde, erhebt sich aus einem Gebäude aus rotem Sandstein, das den Nebelsignalmechanismus beherbergt. Die Leuchte ist eine DCB-224 (Directional Code Beacon), die in Leuchttürmen weit verbreitet ist und alle 15 Sekunden einen weißen Lichtblitz abgibt.

Monterey County, Kalifornien, USA

GEGENÜBERLIEGENDE SEITE RECHTS

Leuchtturm Biloxi

Dieser stattliche weiße Leuchtturm steht an einer ungewöhnlichen Stelle: zwischen den Fahrspuren des US Highway 90. Er war einer der ersten, der 1848 aus Gusseisen über einem Ziegelrahmen gebaut wurde. Er hat noch seine ursprüngliche Fresnel-Linse. Heute ist er im Besitz der Stadt und wurde 2009 restauriert.

Mississippi, USA

RECHTS

Leuchtturm Rockwall Harbor

Dieser weiß bemalte, achteckige Leuchtturm wurde im traditionellen Stil erbaut und 1968 eröffnet. Er ist 10,7 m hoch, hat einen Durchmesser von 2,4 m und zeigt ein rotierendes weißes Licht. Von hier aus blickt man auf den künstlich angelegten Lake Ray Hubbard.

Dallas, Texas

LINKS

Leuchtturm Portland Head

Viele der frühen Leuchttürme waren wie ein Kegelstumpf geformt, so wie dieses schöne Beispiel. Der Leuchtturm wurde im Jahr 1791 aus Bruchstein gebaut, zwischen 1866 und 1883 um 6,1 m erhöht und hat eine derzeitige Höhe von 24,4 m. Er blinkt alle 45 Sekunden weiß.

South Portland, Maine, USA

GEGENÜBERLIEGENDE SEITE LINKS

Leuchtturm Hunting Island

Dieser Leuchtturm, der seit 1933 nicht mehr in Betrieb ist, hat einen 41 m hohen Turm aus Ziegelsteinen, die mit gusseisernen Abschnitten verkleidet sind, und eine Wendeltreppe aus Gusseisen im Inneren. Der Leuchtturm wurde 2003 bis 2005 renoviert und ist Teil eines Staatsparks. Sein oberes Drittel, schwarz lackiert, macht ihn auch tagsüber gut sichtbar.

South Carolina, USA

GEGENÜBERLIEGENDE SEITE RECHTS

Leuchtturm Walton

Das Molenfeuer am nördlichen Ende der Monterey Bay wurde 2001/2002 gebaut, um eine frühere zu ersetzen. Der Turm hat einen traditionellen Grundriss und besteht aus Spritzbeton. Das etwas kompaktere Laternendeck enthält moderne Technik. Mit einer Brennweite von 11 m sendet es alle 36 Sekunden ein grünes Licht aus.

Santa Cruz, Kalifornien, USA

Leuchtturm Lorain

Dieser quadratische, dreigeschossige Turm am nördlichen Ende der Mole des Westhafens löste 1917 ein früheres Gebäude ab. Das 1966 stillgelegte Gebäude entging knapp dem Abriss und ein langfristiges Restaurierungsprogramm wurde rechtzeitig zum hundertjährigen Bestehen des Leuchtturms im Jahr 2017 abgeschlossen.

Lake Erie, Lorain, Ohio, USA

UNTEN

Leuchtturm Lachine

Der ehemalige Holzturm aus dem Jahr 1849 wurde von 1889 bis 1900 mit Stahl verkleidet und erhielt seine heutige Form. Er ist weiß lackiert und mit einem dünnen roten Band umgeben, seine Feuerhöhe beträgt 9 m und er sendet ein feststehendes grünes Licht aus.

Quebec, Kanada

GEGENÜBERLIEGENDE SEITE

Leuchtturm New London Ledge Light

Der 17,7 m hohe, zylindrische Granit- und Ziegelturm, der auf einem dreigeschossigen Sockelgebäude steht, wurde 1909 erstmals beleuchtet und 1987 automatisiert. Sein Leuchtfeuer wird von Sonnenenergie angetrieben und strahlt in einem Intervall von 5 Sekunden drei weiße Lichtblitze aus. Nach 10 Sekunden folgt ein roter.

Groton, Connecticut, USA

Leuchtturm Toledo Harbour

Dieser vierstufige, 26 m hohe Turm aus rotem Ziegelstein mit Stahlrahmen wurde 1904 fertiggestellt und 1966 automatisiert. Die ursprüngliche Leuchte wurde 1985 durch eine moderne Linse ersetzt. Um potenzielle Vandalen zu entmutigen, stellte man eine Schaufensterpuppe in ein Fenster.

Maumee River, Lake Erie, Ohio, USA

UNTEN

Leuchtturm Milwaukee Pierhead

Dieser Leuchtturm in der Hafeneinfahrt stammt aus dem Jahr 1872 und wurde 1939 automatisiert. Der runde Stahlturm von 12 m Höhe wird von einem zehneckigen Laternendeck gekrönt. Alle 4 Sekunden blinkt er rot und arbeitet in Verbindung mit dem Breakwater-Leuchtturm.

Wisconsin, USA

GEGENÜBERLIEGENDE SEITE

Leuchtturm White Shoal

Das spiralförmige rote Band macht diesen 1910 errichteten Turm zu einem einzigartigen Tageszeichen. Der 37 m hohe Leuchtturm aus Stahl und Ziegelstein hat eine mit Rotguss beschichtete Außenseite. Das Laternendeck ist aus Aluminium, mit einer Acrylglasscheibe von 1,2 Millionen Candela, die alle 5 Sekunden weiß blinkt.

Lake Michigan, Michigan, USA

USA und Kanada

GEGENÜBERLIEGENDE SEITE LINKS

Leuchtturm La Martre

Der als „der rote Leuchtturm" bekannte
achteckige Holzturm steht an einem steilen
Hang. Er hat noch seine ursprüngliche
Licht- und Rotationsvorrichtung mit einer
Linse auf einem Quecksilberbad und einer
Wickelrolle für den Antrieb des Drehtisches.
Der Turm hat einen vertikalen hellroten
Streifen als Tageszeichen.

Quebec, Kanada

GEGENÜBERLIEGENDE SEITE RECHTS

Leuchtturm Cape Spear

Nordamerikas östlichster Punkt wird seit
1836 von einem Leuchtturm markiert. Der
ursprüngliche Holzturm steht noch, aber
1955 wurde das Licht auf einen Betonturm
in traditioneller achteckiger Form übertragen, der 13,7 m hoch ist und alle
15 Sekunden drei weiße Blitze ausstrahlt.

St John's, Neufundland, Kanada

RECHTS

Leuchtturm Rawley
oder Twin River Point

Hier, mit Blick auf den Lake Michigan,
wurde 1874 der erste Leuchtturm erbaut
und 1895 durch den Turm im Pylon-Stil ersetzt. Er ist 34,4 m hoch und wurde 1952
mit zwei DCB-36-Leuchten ausgestattet.

Two Rivers, Wisconsin, USA

Leuchtturm Cape Forchu

Einen Leuchtturm gab es hier bereits seit 1840, aber dieser Betonturm stammt aus dem Jahr 1962. Es handelt sich um das erste kanadische Leuchtfeuer, das von der Regierung in kommunales Eigentum überführt wurde. Der 1 Million Candela starke Strahl reicht 56 Kilometer weit.

Yarmouth, Nova Scotia, Kanada

Leuchtturm Brockton Point

Dieser quadratisch gemauerte Leuchtturm, weiß mit einem roten Band, steht auf einer gewölbten Basis oberhalb des Küstenwegs und stammt aus dem Jahr 1914. Er wurde 2008 deaktiviert.

Stanley Park, Vancouver, British Columbia, Kanada

UNTEN UND RECHTS

Leuchtturm Key West

In Leuchttürmen sind Wendeltreppen üblich, vor allem in den schmaleren Oberteilen; sie werden entweder in die Wand eingebaut oder um freistehende Metallpfosten herum. Der Turm von Key West erhebt sich bis zu 22 m hoch. Es wurde 1848 errichtet und ersetzte ein Gebäude aus dem Jahr 1825, das bei einem Sturm zerstört worden war.

Florida, USA

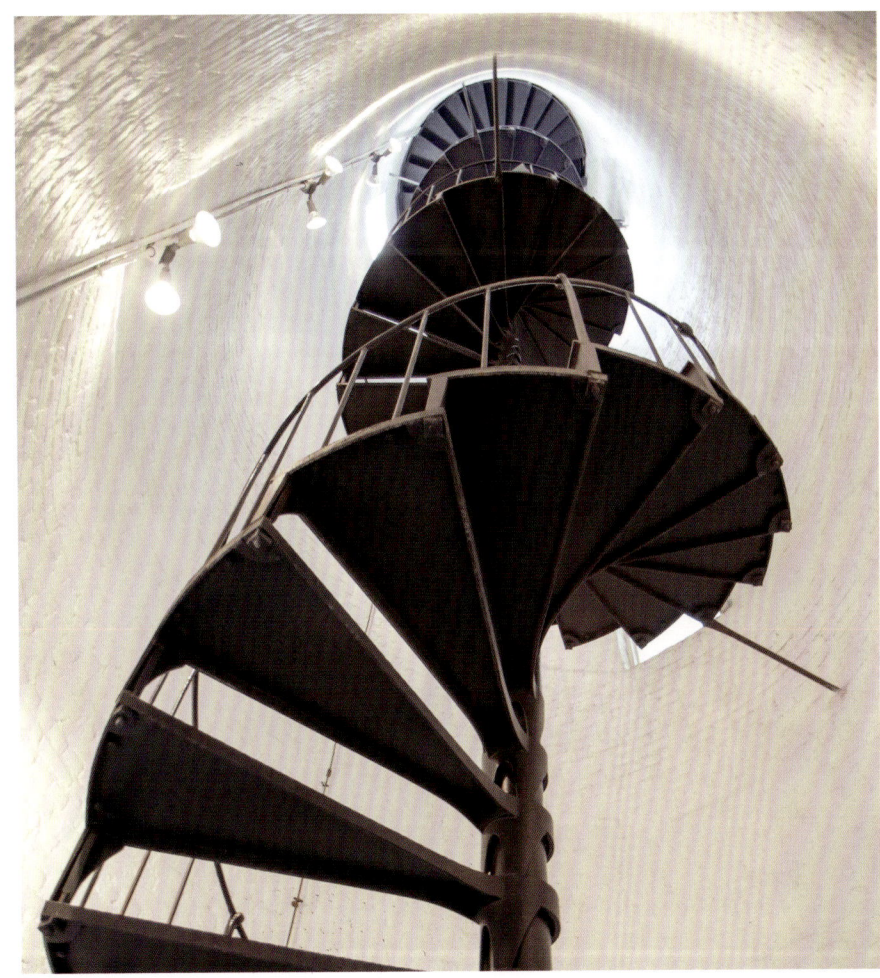

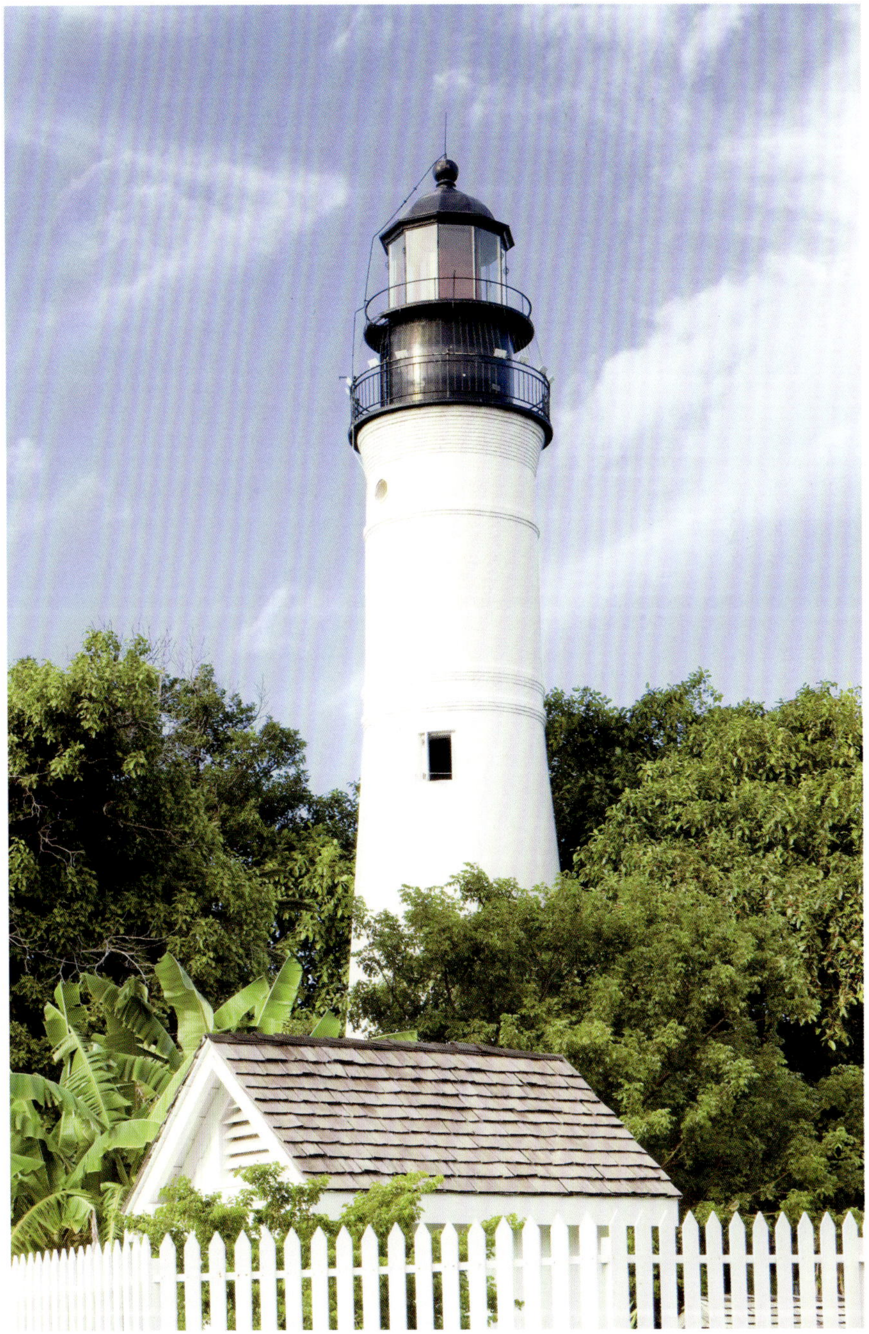

Leuchtturm Cape May

Seit der Eröffnung des Turms im Jahr 1988 sind fast 3 Millionen Besucher die 199 Stufen dieser Wendeltreppe hinaufgestiegen. Der gemauerte Leuchtturm, 48 m hoch, ist noch in Betrieb und sendet alle 15 Sekunden einen weißen Lichtblitz aus.

New Jersey, USA

GEGENÜBERLIEGENDE SEITE

Leuchtturm Ponce de Leon

Das linke Bild zeigt die Metallstufen von Floridas höchstem Leuchtturm. Südlich von Daytona Beach gelegen, gilt er mit 53 m Höhe als der zweithöchste gemauerte Leuchtturm der USA. 203 Stufen führen hinauf zum Laternendeck. Das Objektiv und der Mechanismus von 1904 sind immer noch im Einsatz und senden alle 30 Sekunden sechs Lichtblitze aus.

Florida, USA

LINKS UND GEGENÜBERLIEGENDE SEITE LINKS

Leuchtturm Portsmouth Harbour

An dieser befestigten Stelle steht seit 1771 ein Leuchtturm; der heutige stahlverkleidete Backsteinturm wurde 1878 erstmals beleuchtet. Die Ketten und Gewichte des Drehmechanismus wurden in den zentralen Hohlraum eingehängt.

Der hölzerne Steg führt über die Felsen zur Leuchtturmtür. Das 1960 automatisierte Licht ist ein feststehendes Grün mit einer Fresnel-Linse vierter Ordnung, die eine Sichtweite von 22 km ermöglicht.

New Hampshire, USA

GEGENÜBERLIEGENDE SEITE RECHTS

Leuchtturm Tarrytown

Dieses Wahrzeichen am Hudson River wurde 1883 errichtet. Die 18 m hohe, gusseiserne Konstruktion steht auf einem Betonsockel. Der Leuchtturm wurde 1957 automatisiert und 1961 deaktiviert, aber unter lokaler Schirmherrschaft 2015 mit einer nachgebildeten Fresnel-Linse wieder beleuchtet.

Hudson River, New York City, USA

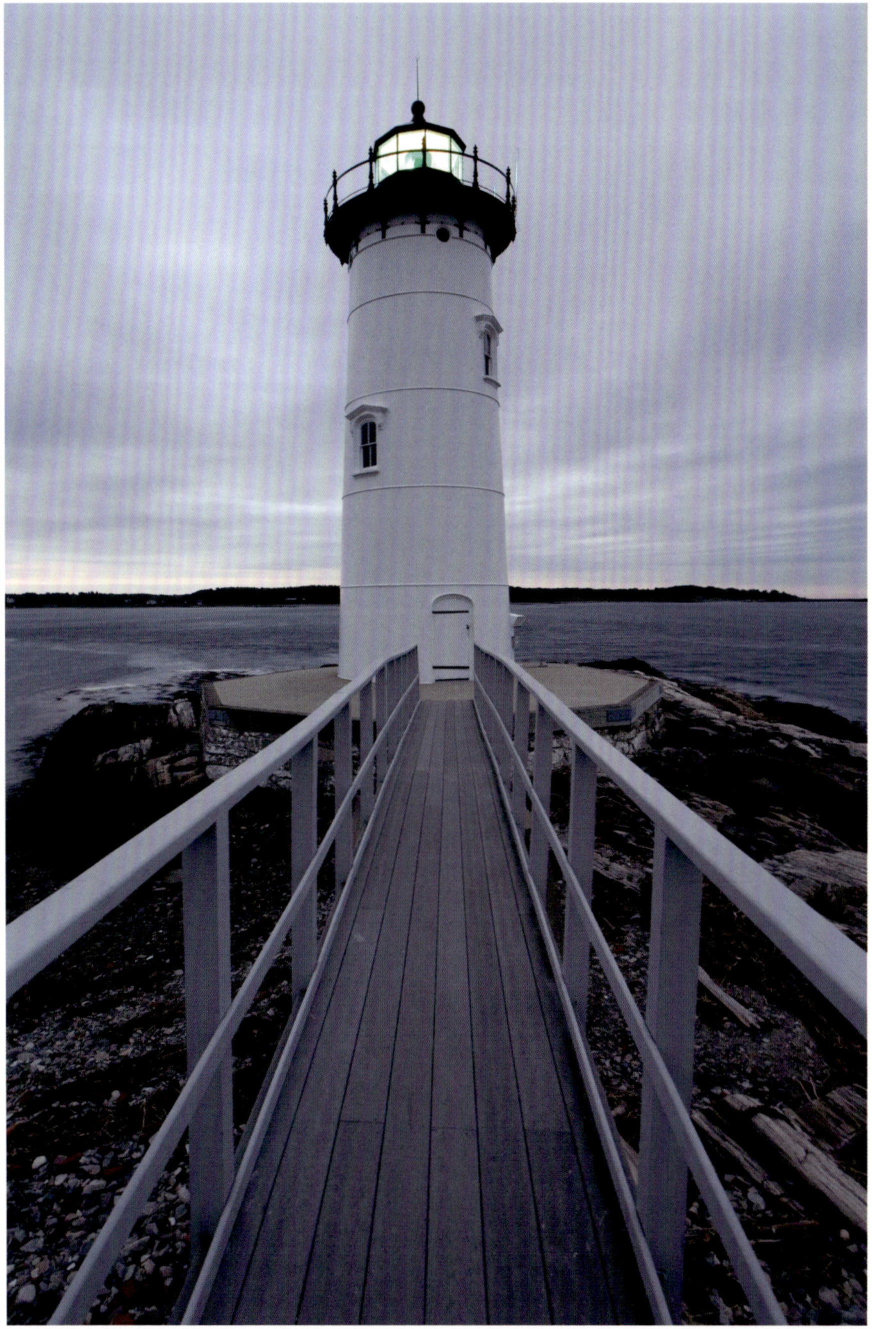

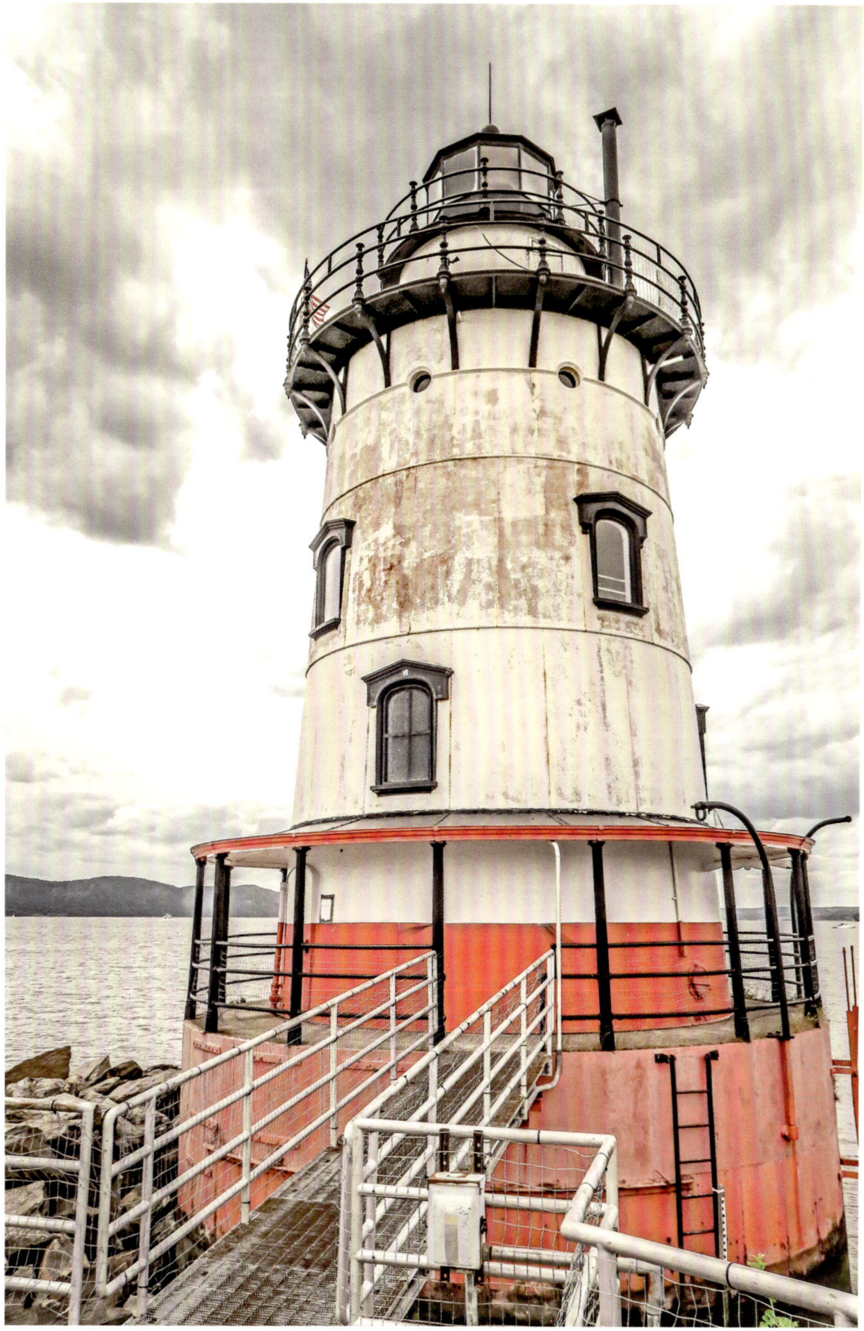

Leuchtturm Point Bonita

Den abgelegenen Leuchtturm erreicht man über einen Weg, einen Tunnel und eine Hängebrücke. In seiner heutigen Form stammt der Leuchtturm aus dem Jahr 1977. Er ist ein weiß gestrichenes, 10 m hohes Sechseck aus Ziegelstein, aber aufgrund seiner erhöhten Lage hat er eine Brennweite von 38 m.

San Francisco Bay, Kalifornien, USA

Leuchtturm Annisquam Harbour

Die Station wurde erstmals 1801 am Wigwam Point in der Nähe von Gloucester gegründet. Der heutige Turm wurde 1897 fertiggestellt, 1974 automatisiert und 2008 renoviert. Mit einer Höhe von 13,7 m blinkt die VRB-25-Optik weiß mit einem roten Bereich.

Gloucester Massachusetts, USA

Leuchtturm Souris

Dieser quadratische, sich verjüngende Holzturm ist ein für Prince Edward Island sehr typischer Leuchtturm. Er wurde 1880 erbaut und 2009/2010 restauriert. In einer Feuerhöhe von 27 m sendet er alle zwei Sekunden einen weißen Lichtstrahl aus.

Prince Edward Island, Kanada

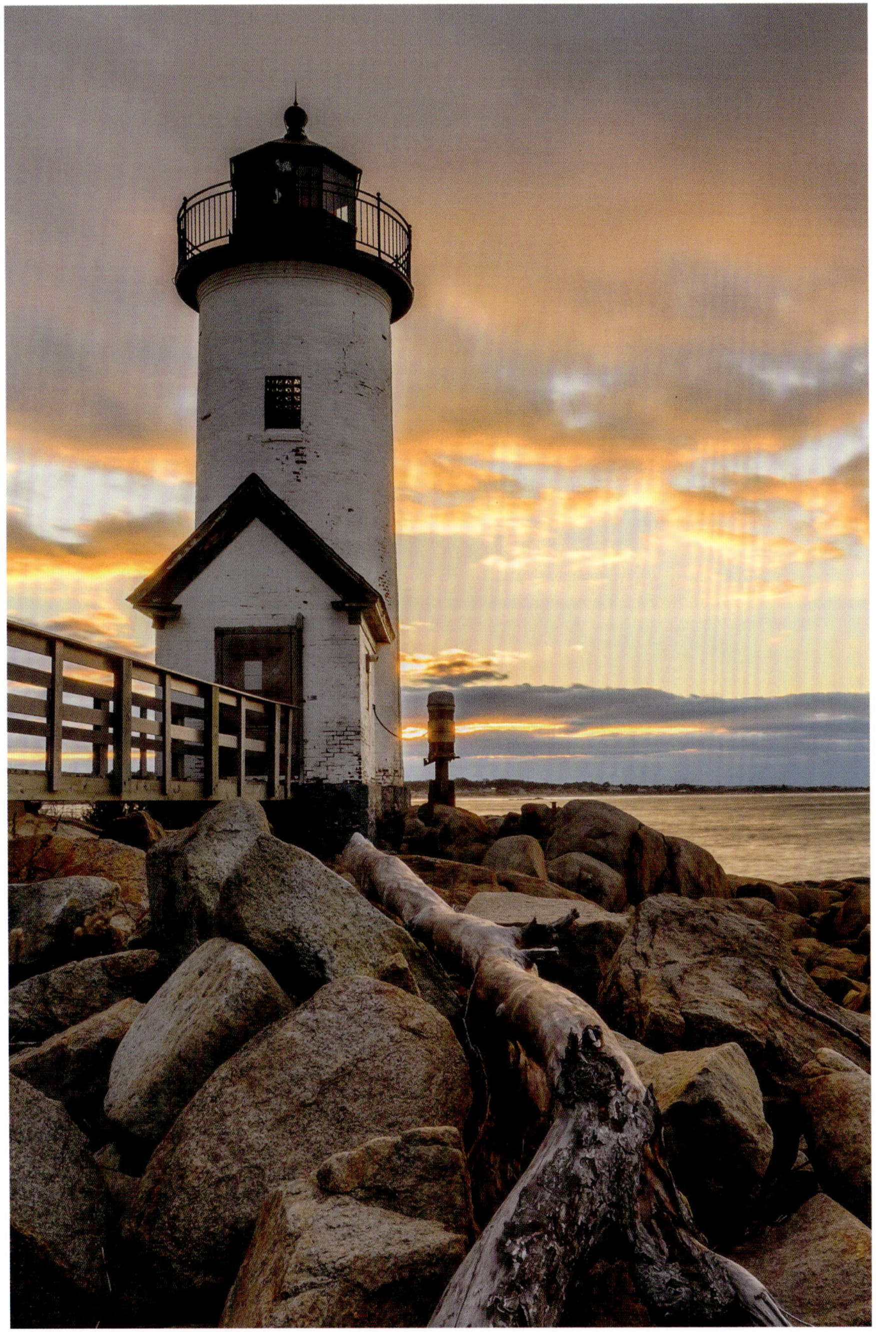

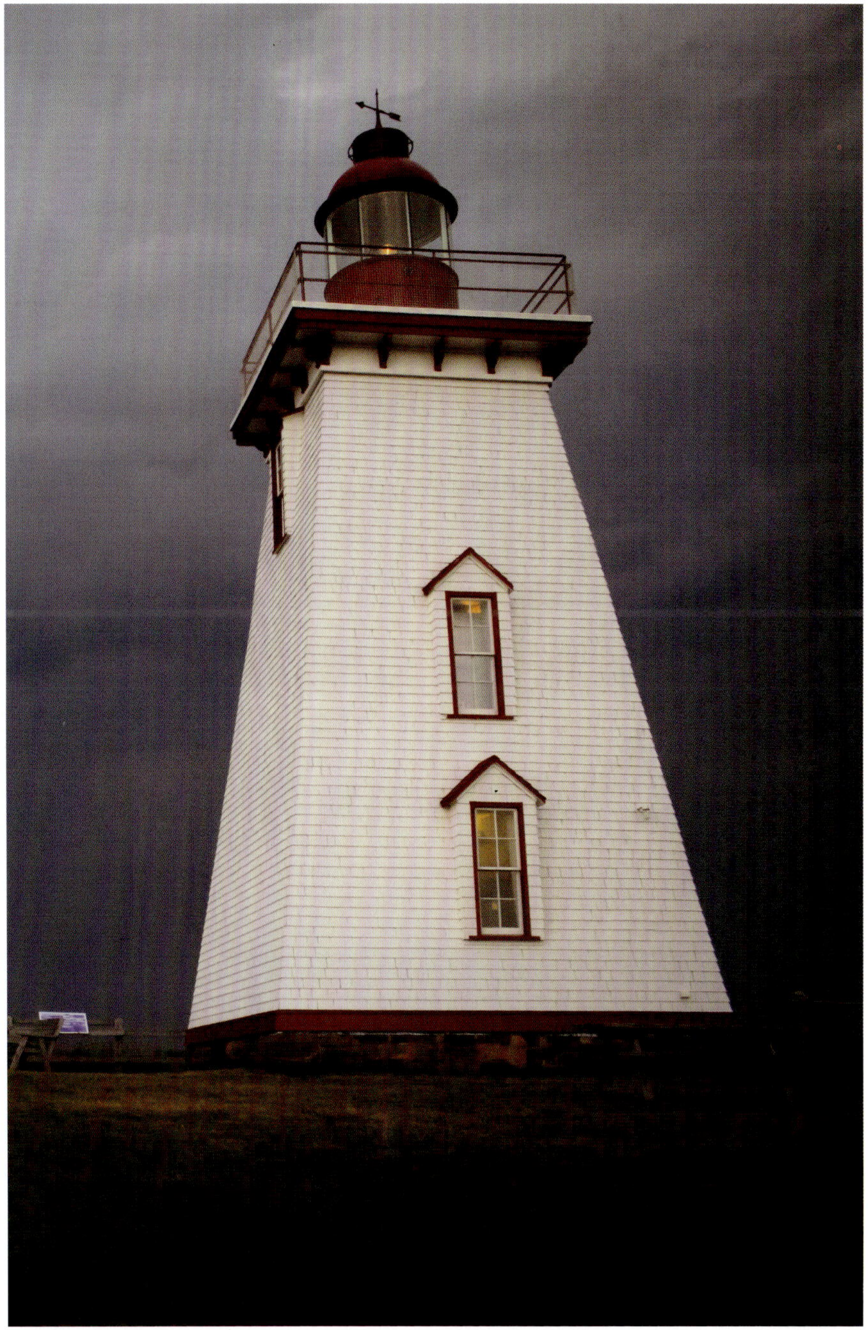

GEGENÜBERLIEGENDE SEITE LINKS

Leuchtturm Edgartown

Der ursprünglich auf einer Plattform vor der Küste errichtete Leuchtturm wurde bei einem Sturm zerstört. Der heutige gusseiserne Turm (Jahrgang 1881) wurde 1939 an seinen heutigen Standort verlegt. Es wurde 2014 von der Stadt für 1 Dollar erworben. Die Feuerhöhe beträgt 14 m; alle 6 Sekunden wird ein roter Lichtblitz ausgesendet.

Martha's Vineyard, Massachusetts, USA

GEGENÜBERLIEGENDE SEITE RECHTS

Leuchtturm East Pierhead

Der lokalen Begeisterung ist es zu verdanken, dass dieser historische Leuchtturm und sein gusseiserner Steg bewahrt und restauriert wurden, nachdem sie 1960 für überflüssig erklärt worden waren. Die erste Leuchte wurde 1858 errichtet; das heutige Gebäude mit Basis-lagern und Maschinen stammt aus dem Jahr 1904.

Michigan City, Indiana, USA

RECHTS

Leuchtturm Crisp Point

Der 1904 fertiggestellte und 17,7 m hohe Leuchtturm wurde 1992 offiziell außer Betrieb gesetzt. Er ist heute im Besitz von Luce County und wurde zwischen 1997 und 2011 restauriert. Seit 2012 wird er als private Navigations-hilfe betrieben und blinkt alle 6 Sekunden weiß.

Lake Superior, Michigan, USA

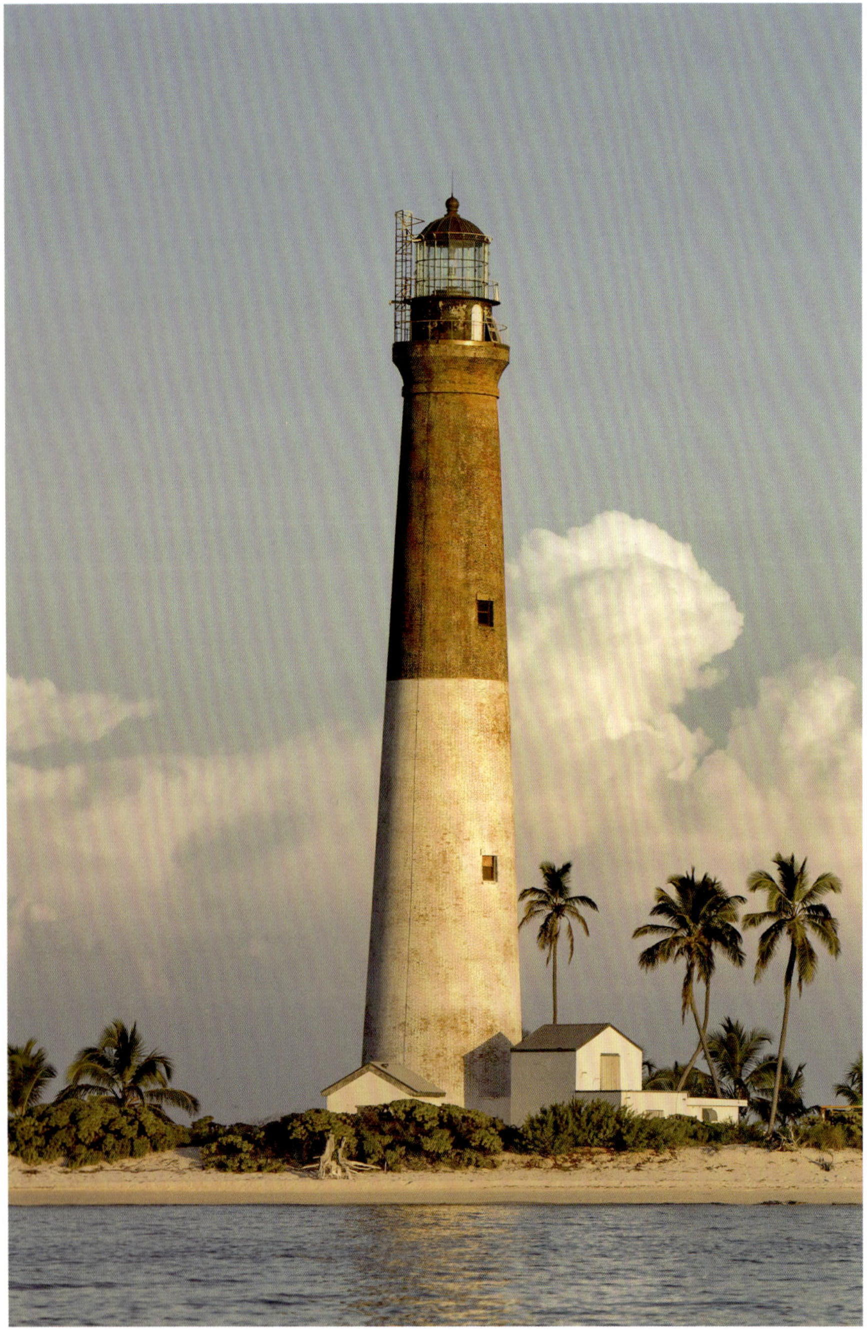

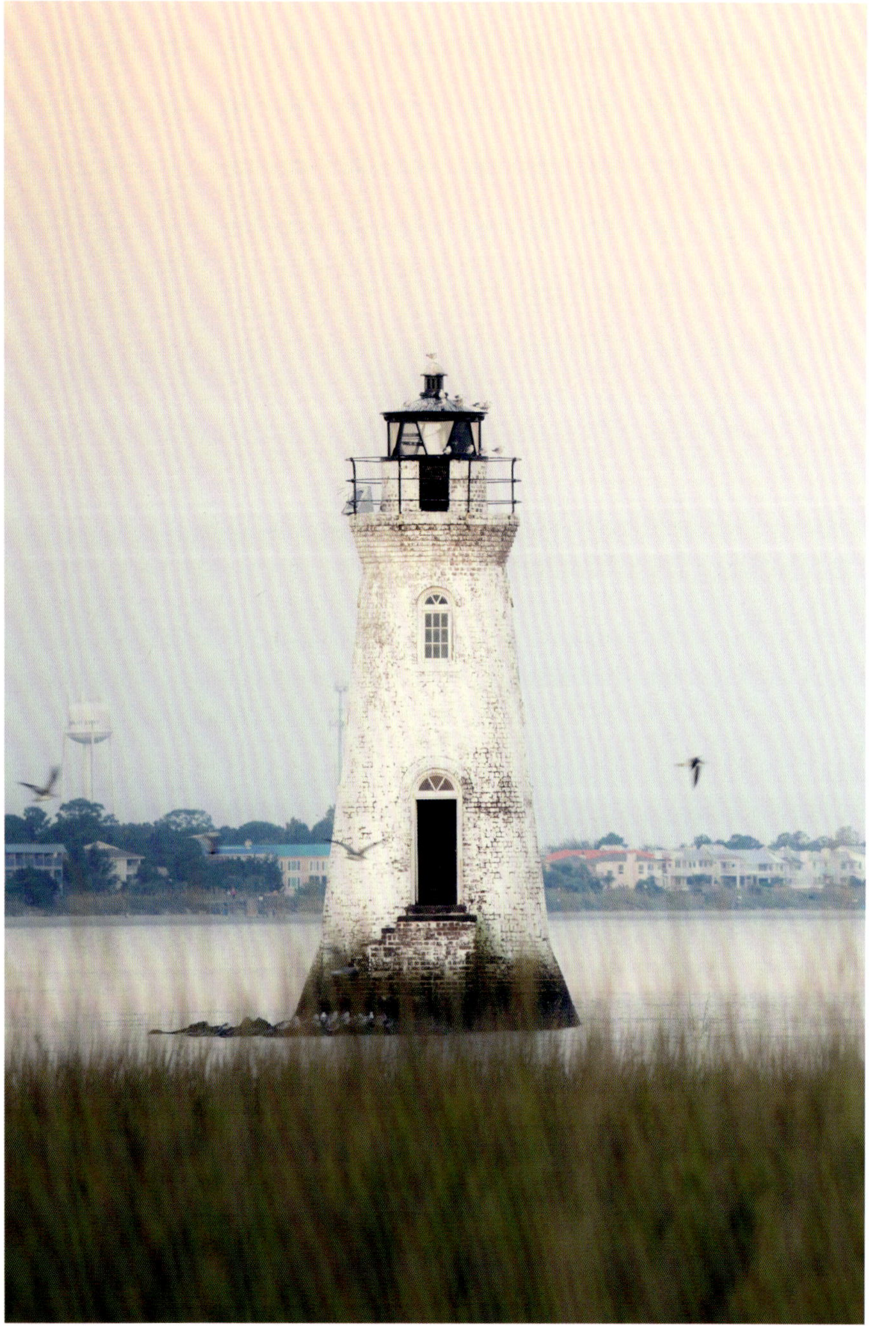

GEGENÜBERLIEGENDE SEITE LINKS

Leuchtturm Dry Tortugas

Der 1858 gegründete, 48 m hohe Leuchtturm ist der abgelegenste der Vereinigten Staaten. Er ist aus Ziegelstein in Form eines Kegelstumpfs gebaut, wurde 1933 elektrifiziert und 1988 automatisiert. Seit 2015 wird er mit einer VRB-25-Leuchte betrieben.

Loggerhead Key, Florida, USA

GEGENÜBERLIEGENDE SEITE RECHTS

Leuchtturm Cockspur Island

Ursprünglich wurde dieser meerumspülte, 14 m hohe Turm aus dem Jahr 1839 nur als Tageszeichen genutzt; 1848 wurde eine Leuchte installiert. Aktiv betrieben wurde er von 1909 bis 2007; heute ist er nur noch als historische Attraktion beleuchtet.

Georgia, USA

RECHTS

Leuchtturm Bodie Island

Der erste Leuchtturm wurde hier 1847 erbaut. Dieser 48 m hohe Turm wurde 1872 fertiggestellt und besteht aus Granit und Bruchstein, mit weißen und schwarzen Tageszeichen. Immer noch mit der Fresnel-Linse von 1872 bestückt, blinkt sie jede Minute in zwei 2,5-Sekunden-Zyklen weiß.

Outer Banks, North Carolina, USA

DER REST DER WELT

Die meisten der noch aktiven Leuchttürme der Welt werden automatisch mit ausfallsicheren Systemen bei Glühlampen- oder Stromausfall betrieben und von einer zentralen Stelle aus überwacht. Zunehmend wird auch Solarstrom genutzt.

Leuchttürme sind vielleicht die zweckmäßigsten aller Gebäude: Das Ziel ist es, ein Licht so hoch zu installieren, dass es aus einer bestimmten Entfernung sichtbar ist. Es gibt eine Wissenschaft über Leuchtturmdesign und Signalbeleuchtung: die Pharologie. Doch jeder Leuchtturm hat seinen eigenen Charakter und in den meisten Fällen sind Leuchttürme auch schön. Das hat etwas mit ihrer Form zu tun, die der englische Ingenieur John Smeaton

entwickelt hat. Neue Technologien haben die Gestaltungsmöglichkeiten erweitert, und die Beispiele in diesem Kapitel zeigen eine bemerkenswerte Vielfalt an Formen und Materialien. Aber Schönheit ist auch eine Frage der Wahrnehmung. Leuchttürme haben eine positive und nützliche Rolle: Sie bereichern eine Küstenlandschaft mit ihrer Kombination aus eleganten Proportionen und struktureller Solidität sowie der Erinnerung an den immerwährenden menschlichen Kampf um die Bewältigung der Elemente. George Bernard Shaw schrieb: „Ich kann mir kein anderes Gebäude vorstellen, das von Menschen so uneigennützig gebaut wurde wie ein Leuchtturm. Er wurde nur gebaut, um zu dienen."

GEGENÜBERLIEGENDE SEITE

Leuchtturm Hornby

Dieser in den 1940ern errichtete Turm aus Sandstein erinnert farblich an eine Zuckerstange. Er ist 9 m hoch und liegt am südlichen Eingang des Hafens von Sydney. Der Leuchtturm leuchtet alle 5 Sekunden weiß auf.

Watson's Bay, South Head, New South Wales, Australien

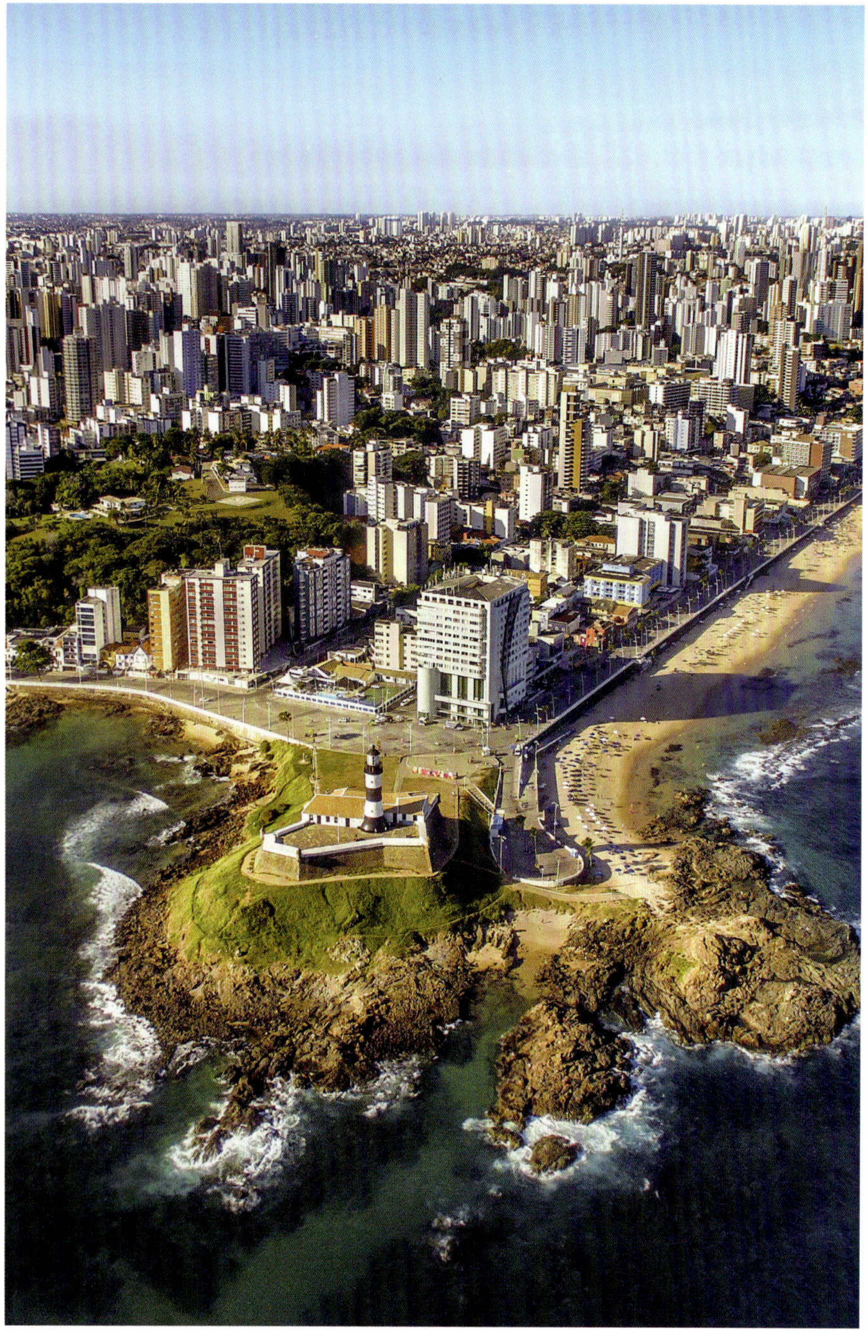

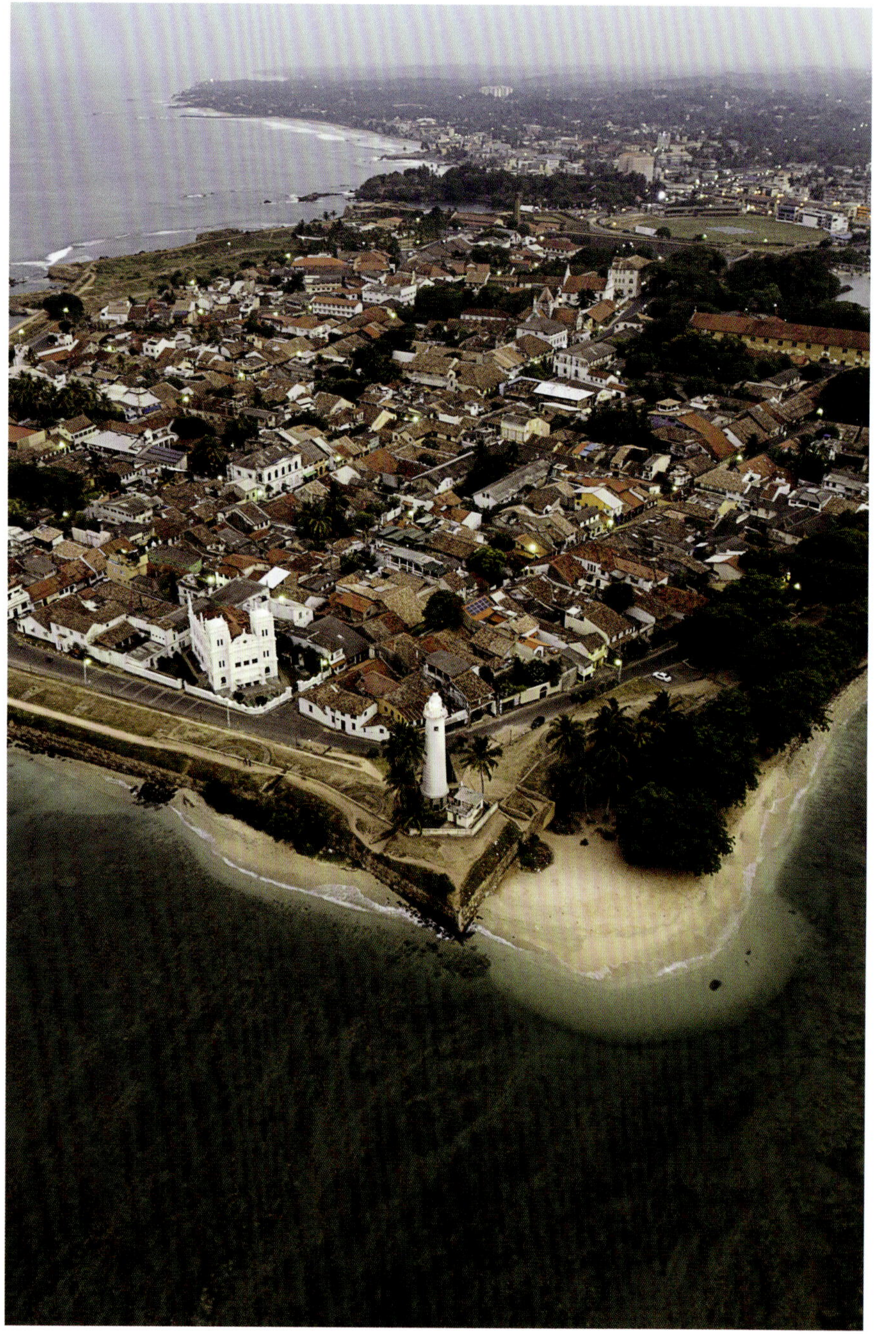

GEGENÜBERLIEGENDE SEITE LINKS

Leuchtturm Barra Beach

Seit 1698 steht hier im Fort Santo António ein Leuchtturm. Der heutige schwarz-weiße Turm, 22 m hoch, stammt aus dem Jahr 1839 und wurde 1998 restauriert. Sein Lichtstrahl besteht aus zwei weißen und einem roten Blitz alle 5 Sekunden.

Salvador da Bahia, Brasilien

GEGENÜBERLIEGENDE SEITE RECHTS

Leuchtturm Fort Galle

Dieser zylindrische, gusseiserne Turm an einer Ecke des alten Forts wurde 1939 erbaut, um einen älteren Leuchtturm zu ersetzen. Er ist 26,5 m hoch und seine beiden weißen Blitze sind alle 15 Sekunden bis in 87 km Entfernung sichtbar.

Sri Lanka

RECHTS

Leuchtturm Nassau Harbour

Dieser 19 m hohe Backsteinturm ist der älteste funktionierende Leuchtturm der Karibischen Inseln und markiert seit 1817 die Zufahrt zum Hafen. Sein weißes Licht wechselt zu rot, wenn die Bedingungen gefährlich sind.

Paradise Island, Bahamas

Der Rest der Welt

GEGENÜBERLIEGENDE SEITE LINKS

Leuchtturm Maria Pia

Dieser Leuchtturm ist ein gemauertes Achteck auf einem 21 m hohen Betonsockel und strahlt alle 6 Sekunden zwei weiße Blitze aus. Er wurde 1881 erbaut und ist nach wie vor aktiv, wenn auch renovierungsbedürftig.

Santiago Island, Kap Verde

GEGENÜBERLIEGENDE SEITE RECHTS
UND OBEN

Leuchtturm Lengkuas Island

Das 1882 von der niederländischen Kolonialverwaltung erbaute Leuchtfeuer besteht aus 16-seitigen Gusseisenplatten und ist 61 m hoch. Es wird noch heute von Leuchtturmwärtern unterhalten. Die Fresnel-Linse sendet alle 7,5 Sekunden einen weißen Blitz über die Karimata-Straße, die Südchina und die Javasee verbindet.

Belitung, Indonesien

UNTEN

Leuchtturm Crystal Cay

Diese Konstruktion ist ein unechter Leuchtturm; sie ähnelt einem Leuchtturm, spielt aber keine Rolle als Navigationshilfe. Früher als Restaurant und Aussichtspunkt genutzt, hat der Turm heute keine Funktion mehr.

Nassau, Bahamas

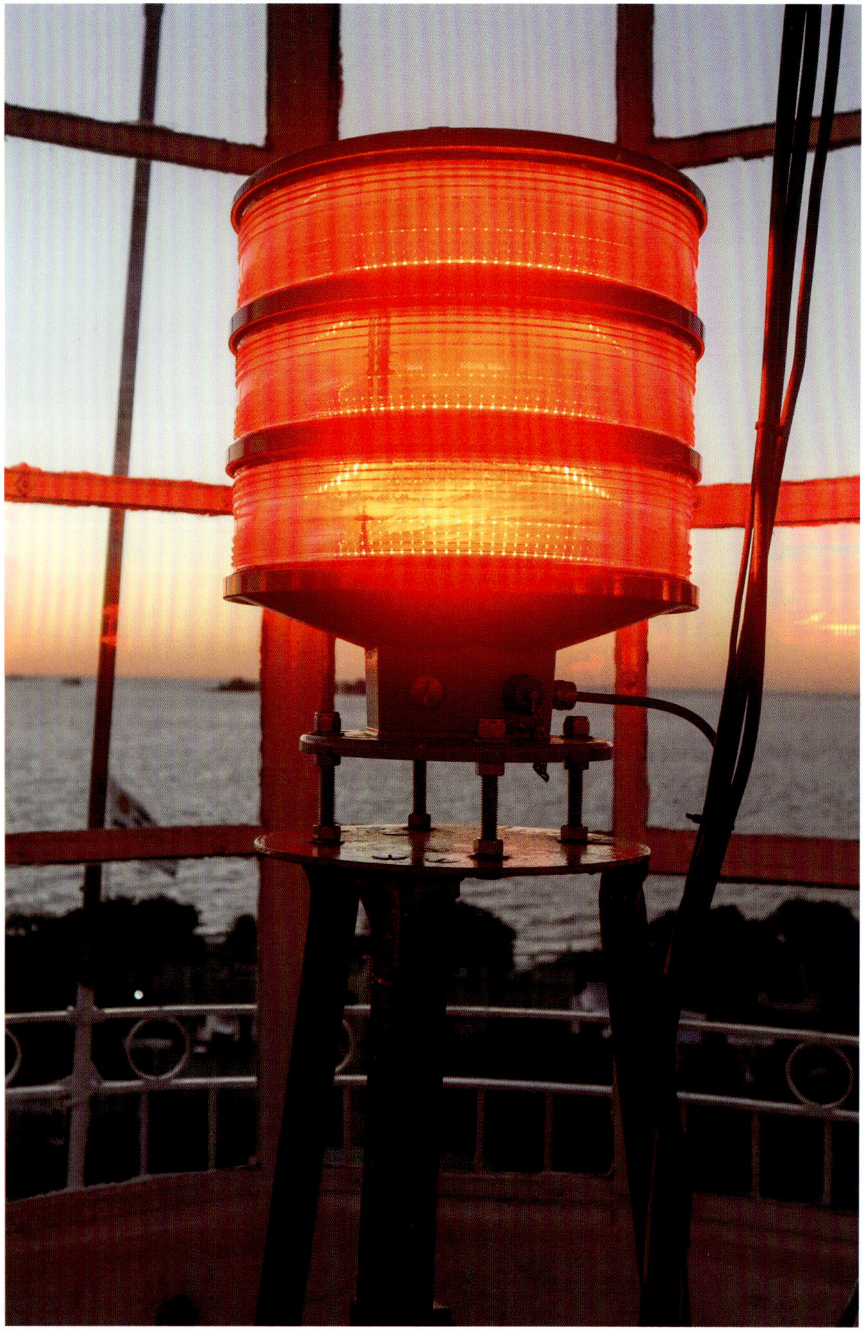

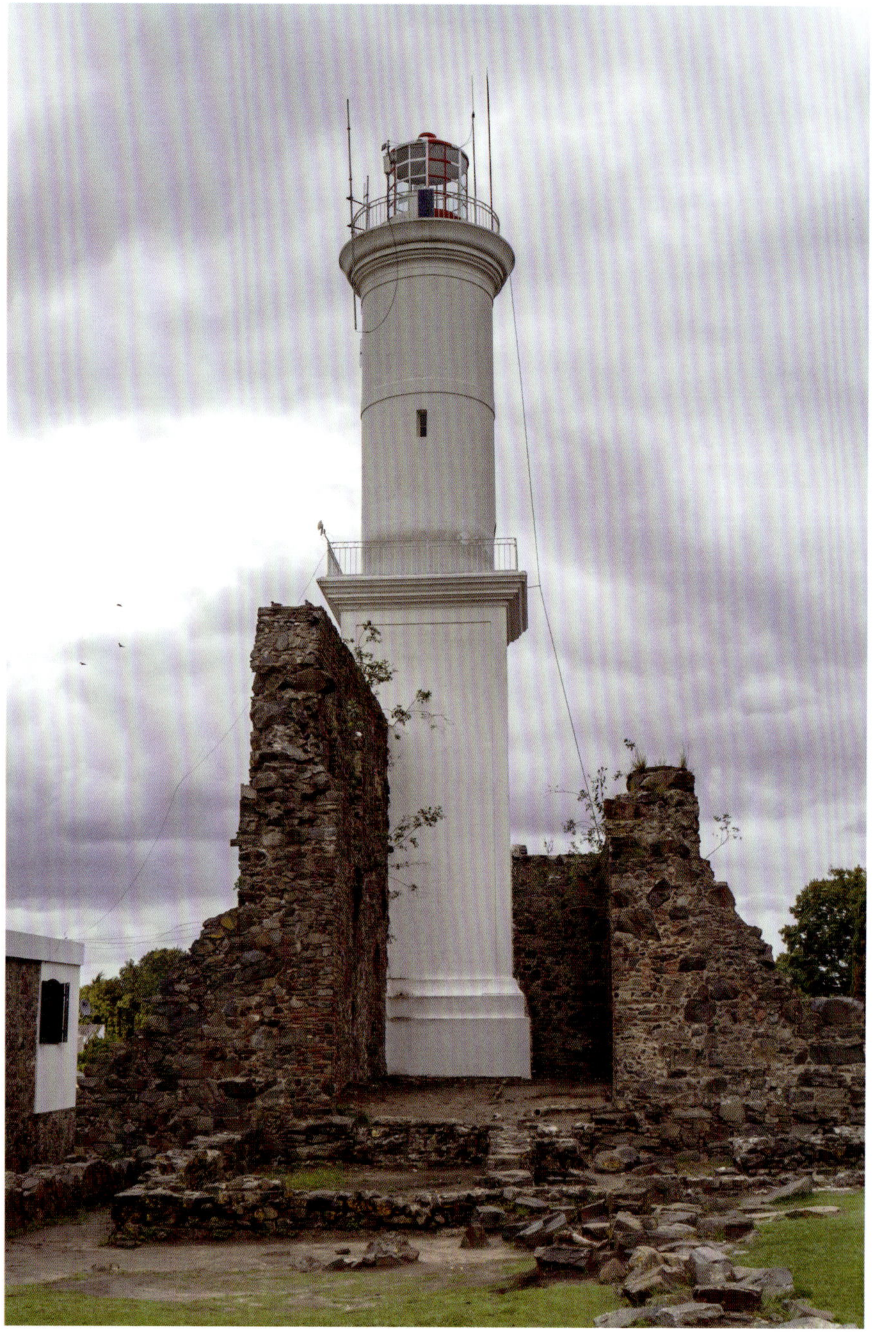

GEGENÜBERLIEGENDE SEITE

Leuchtturm Colonia del Sacramento

Der Leuchtturm hat eine feststehende Leuchte und seine elektrisch betriebene Lampe schickt alle 9 Sekunden einen roten Blitz über die breite Mündung des Rio del Plata. Der Leuchtturm ist noch immer mit Wärtern besetzt. Die untere Hälfte des gemauerten Turms, der 1857 in klassischer Bauweise zwischen den Überresten eines ehemaligen Klosters errichtet wurde, ist quadratisch und die obere Hälfte zylindrisch. Die Gesamthöhe beträgt 27 m.

Uruguay

RECHTS

Leuchtturm Puerto Morelos

Ein Hurrikane fegte im Jahr 1967 einen Teil der Fundamente dieses 1946 gebauten Turms weg, wodurch er sich neigte. Der so genannte Faro Inclinado (geneigter Leuchtturm) wurde 1968 durch einen neuen Leuchtturm ersetzt, ist aber als Erinnerung an den Sturm erhalten worden.

Quintana Roo, Mexiko

GEGENÜBERLIEGENDE SEITE

Leuchtturm West Cape

Der 1980 aus Edelstahl gebaute Leuchtturm mit ungewöhnlich konvexen Seiten
ist 8,5 m hoch und wurde von Anfang an
voll automatisiert. Er wird von einem
Solarmodul angetrieben und gibt alle
6 Sekunden zwei weiße Lichtblitze ab.

Innes-Nationalpark, Süd-Australien

OBEN LINKS

Leuchtturm Mersey Bluff

Der weiß gestrichene Ziegelturm mit vertikalen roten Tagesmarkierungen ist 15,5 m
hoch und wurde 1889 errichtet. Seit 1920
ist er automatisiert und elektrifiziert. Die
feste 120V-Halogenlampe blinkt weiß und
rot, viermal alle 20 Sekunden.

Devonport, Tasmanien, Australien

OBEN

Leuchtturm Ras-Bir

Dieser 50 m hohe, rund-gerippte Betonturm aus dem
Jahr 1952 steht neben seinem Vorgänger aus dem
19. Jahrhundert. Er überblickt die Straße von Bab-el-
Mandeb und blinkt alle 5 Sekunden zweimal weiß auf.

Obock, Dschibuti

Leuchtturm Ogan Saki

Dieser Turm aus Beton ist 17 m hoch und hat eine Feuerhöhe von 62 m. Er wurde 1983 gebaut und gibt alle 10 Sekunden einen einzelnen weißen Blitz ab. Dieses Wahrzeichen wird von Besuchern bevorzugt aufgesucht, um den Sonnenuntergang zu beobachten.

Okinawa, Japan

RECHTS

Leuchtturm Entrance Island

Der gefährlich schmale Eingang zum Macquarie Harbour war auch als Hell's Gates (Tor zur Hölle) bekannt. Dieser sechseckige, 8 m hohe Leuchtturm aus Holz wurde 1891 errichtet. Das unterbrochene FA250 Seefeuer ist heute solar- und batteriebetrieben und gibt alle 10 Sekunden vier weiße Lichtblitze ab.

Macquarie Harbour, Tasmanien, Australien

GEGENÜBERLIEGENDE SEITE

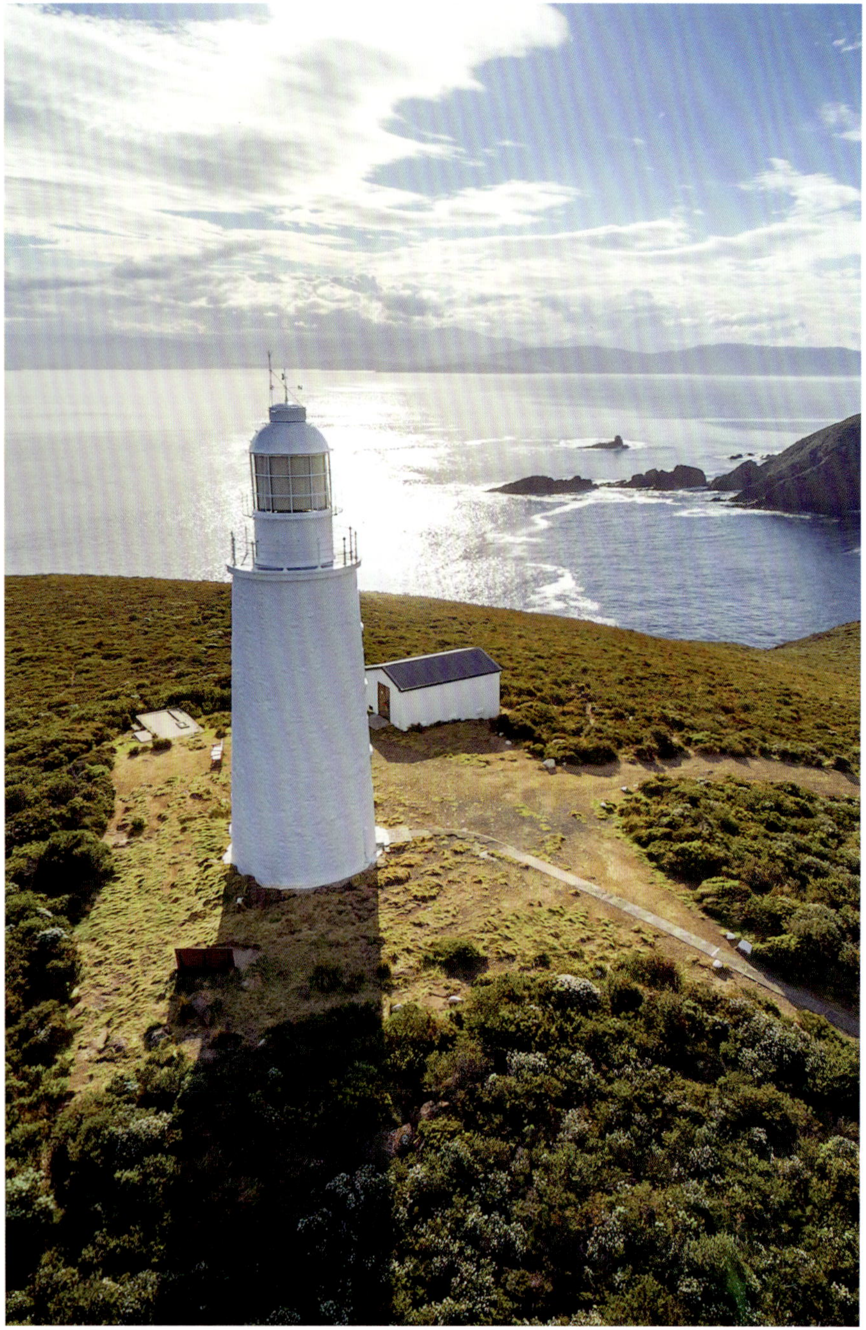

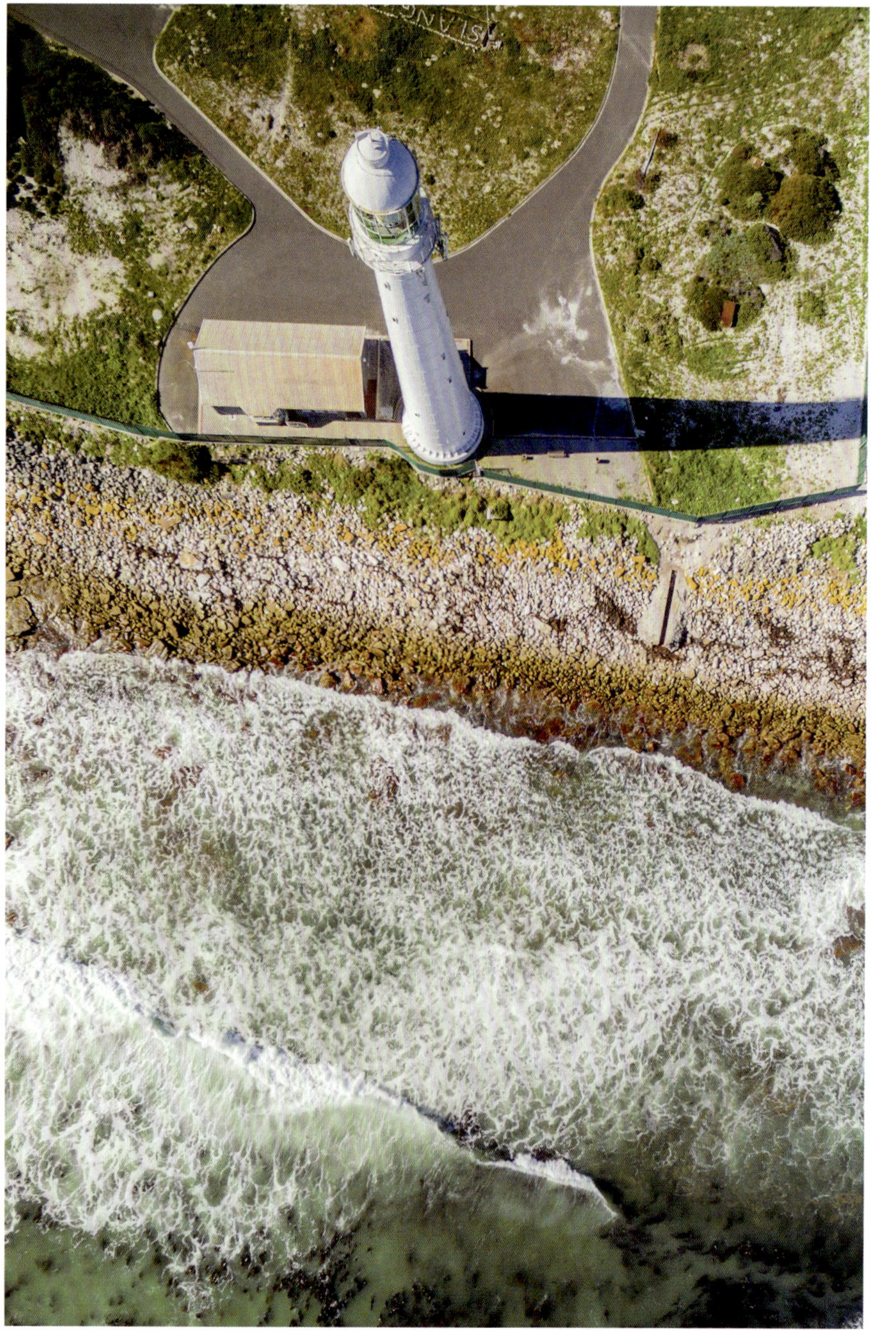

GEGENÜBERLIEGENDE SEITE LINKS

Leuchtturm Cape Bruny

Australiens zweitältester erhaltener Leuchtturm, der von 1838 bis 1996 in Betrieb war, wurde von Sträflingen aus Bruchstein gebaut und ist 13 m hoch. Das Licht liefert heute eine benachbarte Glasfaserkonstruktion.

Tasmanien, Australien

GEGENÜBERLIEGENDE SEITE RECHTS

Leuchtturm Slangkop Point

Die gusseiserne Konstruktion dieses im Ersten Weltkrieg erbauten und 1919 eingeweihten Leuchtturms wurde in England vorgefertigt. Der 33 m hohe Turm sendet alle 30 Sekunden vier weiße Blitze aus, die bis zu 53 km entfernt sichtbar sind.

Kommetjie, Westkap, Südafrika

RECHTS

Leuchtturm Gatún Locks

An der Westwand der Gatún-Schleusen wurde dieser Leuchtturm 1914 fertig gestellt. Er weist den atlantischen Schiffen, die sich vom Gatún-See aus nähern, den Weg. Der 27 m hohe Turm zeigt ein grünes Licht, das alle 4,5 Sekunden einmal blinkt.

Panama-Kanal, Panama

LINKS

Leuchtturm Kamui Misaki

An dem berühmten Aussichtspunkt Cape Kamui steht seit 1888 ein Leuchtfeuer. Das heutige Bauwerk, ein 11 m hoher Beton-zylinder, stammt aus dem Jahr 1960. Er sendet alle 15 Sekunden einen weißen Lichtblitz über das Japanische Meer.

Shakotan Peninsula, Hokkaido, Japan

GEGENÜBERLIEGENDE SEITE LINKS

Leuchtturm Cape Jervis

Dieses markante Gebilde aus weißem Beton ist 18 m hoch. Es wurde 1972 als automatisierte Leuchte gebaut und ersetzte einen Leuchtturm von 1871. Das außer-halb der Mitte gelegene Laternendeck sendet alle 20 Sekunden vier weiße Lichtblitze aus.

Fleurieu Peninsula, Südaustralien

GEGENÜBERLIEGENDE SEITE RECHTS

Leuchtturm Oryukdo Island

Dieser Leuchtturm, der wie eine kleine Burg auf dem Felsen thront, wurde 1937 erbaut. Er wurde 1988 mit einem 27,5 m hohen Turm mit Blick auf die „schwim-menden Felsen" am Eingang zum Hafen von Busan wieder aufgebaut. Er sendet alle 10 Sekunden ein weißes Licht aus.

Busan, Südkorea

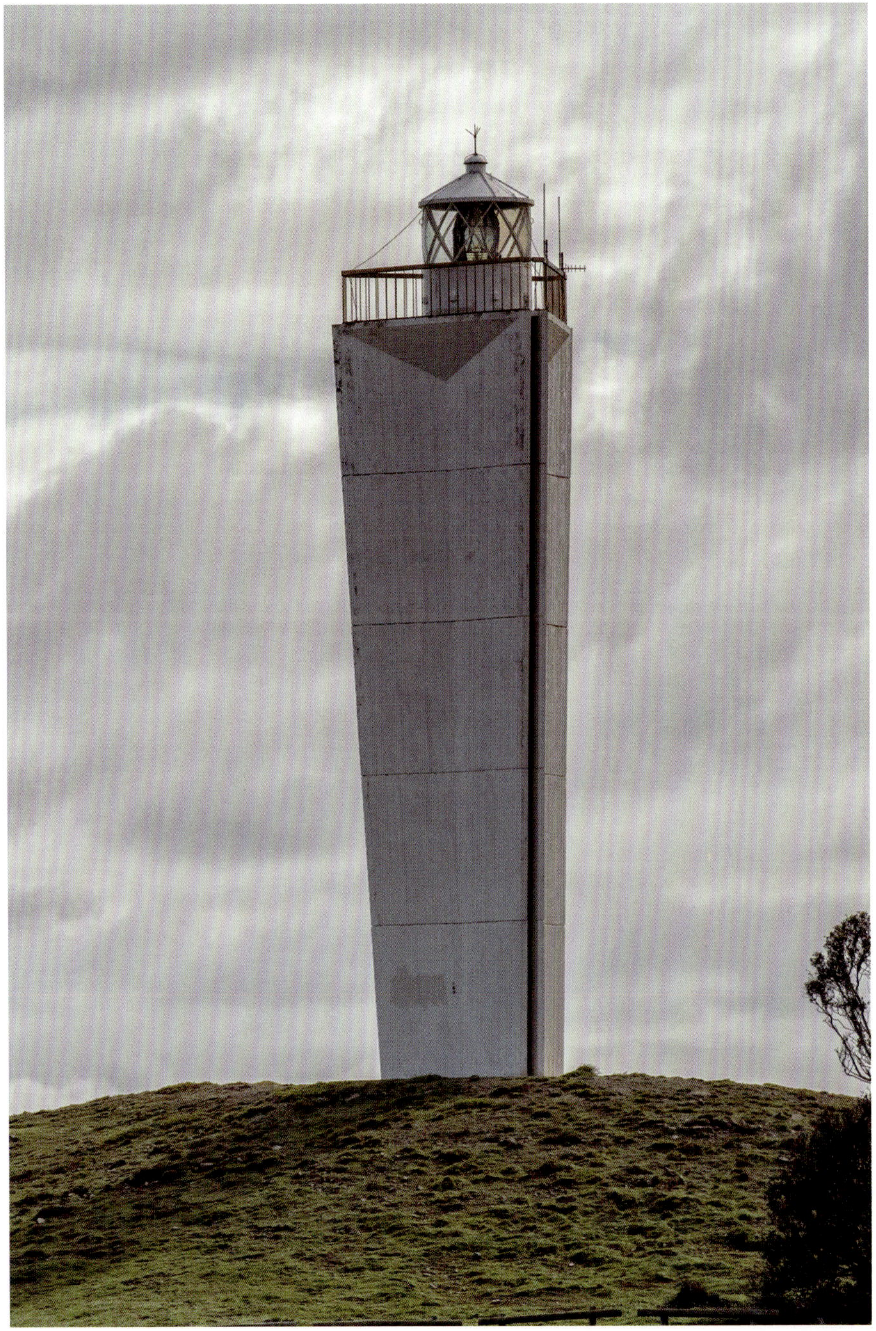

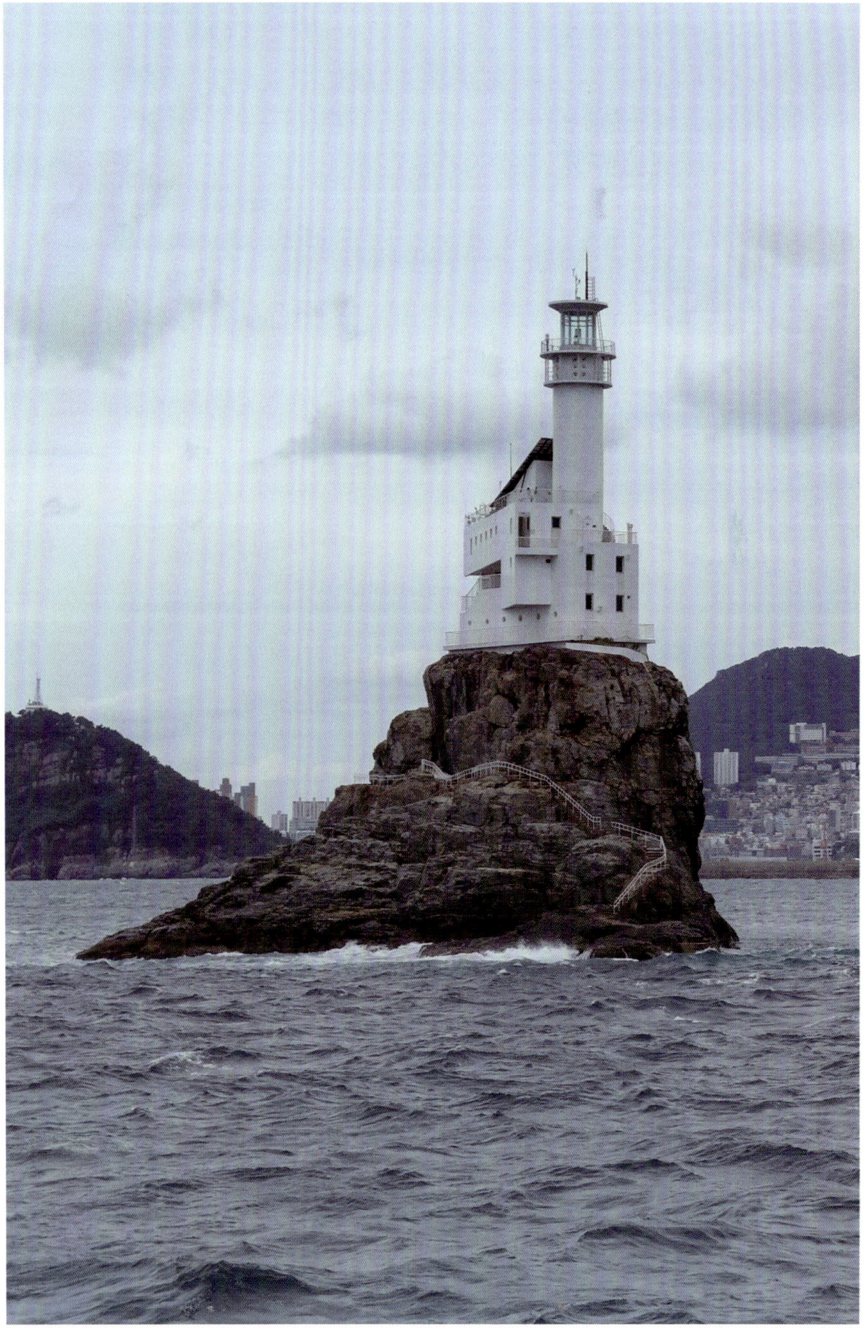

LINKS

Leuchtturm Les Eclaireurs

Dieser 11 m hohe Backsteinturm auf gemauertem Sockel markiert die felsigen Inselchen von Eclaireurs bei Ushuaia. Er wurde 1920 eröffnet und ist automatisiert, mit einer Stromversorgung aus Solarzellen und Batterien. Er gibt alle 10 Sekunden einen weißen Blitz ab.

Beagle Channel, Argentinien

GEGENÜBERLIEGENDE SEITE

Leuchtturm Raffles Marina

Mit Blick auf die Johorstraße und die Tuas-Verbindung nach Malaysia wurde dieser privat betriebene Leuchtturm 1994 als Teil eines Hafen-Komplexes errichtet. Er ist 12 m hoch und blinkt alle 10 Sekunden weiß.

Singapur

Leuchtturm Ke Ga

Mit 41 m ist dies der zweithöchste Leuchtturm Vietnams. Das Achteck aus Granit im französischen Stil wurde 1900 fertig gestellt und 1975 renoviert. Er sendet alle 20 Sekunden vier weiße Lichtblitze aus.

Binh Thuan Provinz, Vietnam

OBEN

Leuchtturm Castlepoint

Der 1913 erbaute und 1988 automatisierte Turm besteht aus sieben gusseisernen Teilen. Mit 23 m ist er der höchste Leuchtturm der Nordinsel. Seine Linsen wurden in Paris hergestellt, seine rotierende Mechanik in Edinburgh. Sein rotierender Strahl gibt alle 30 Sekunden einen dreifachen weißen Blitz ab.

Wairarapa, Neuseeland

UNTEN

Stillgelegter Küstenleuchtturm

Während viele Leuchttürme, auch wenn sie nicht mehr im aktiven Dienst stehen, von örtlichen Gemeinden betreut werden, gibt es an der Küste von Java viele andere, die wie dieser Leuchtturm nicht mehr benötigt und einfach aufgegeben werden.

Indonesien

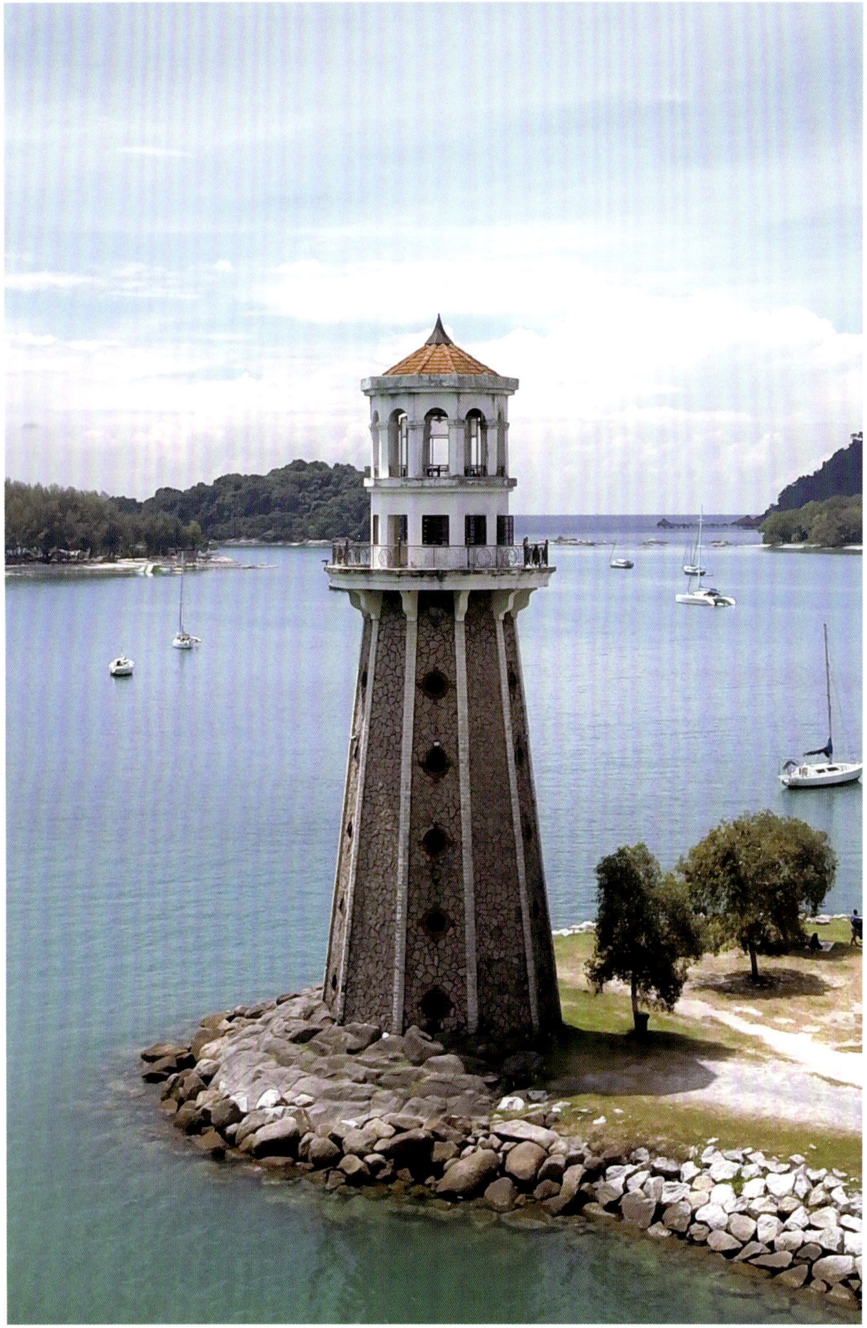

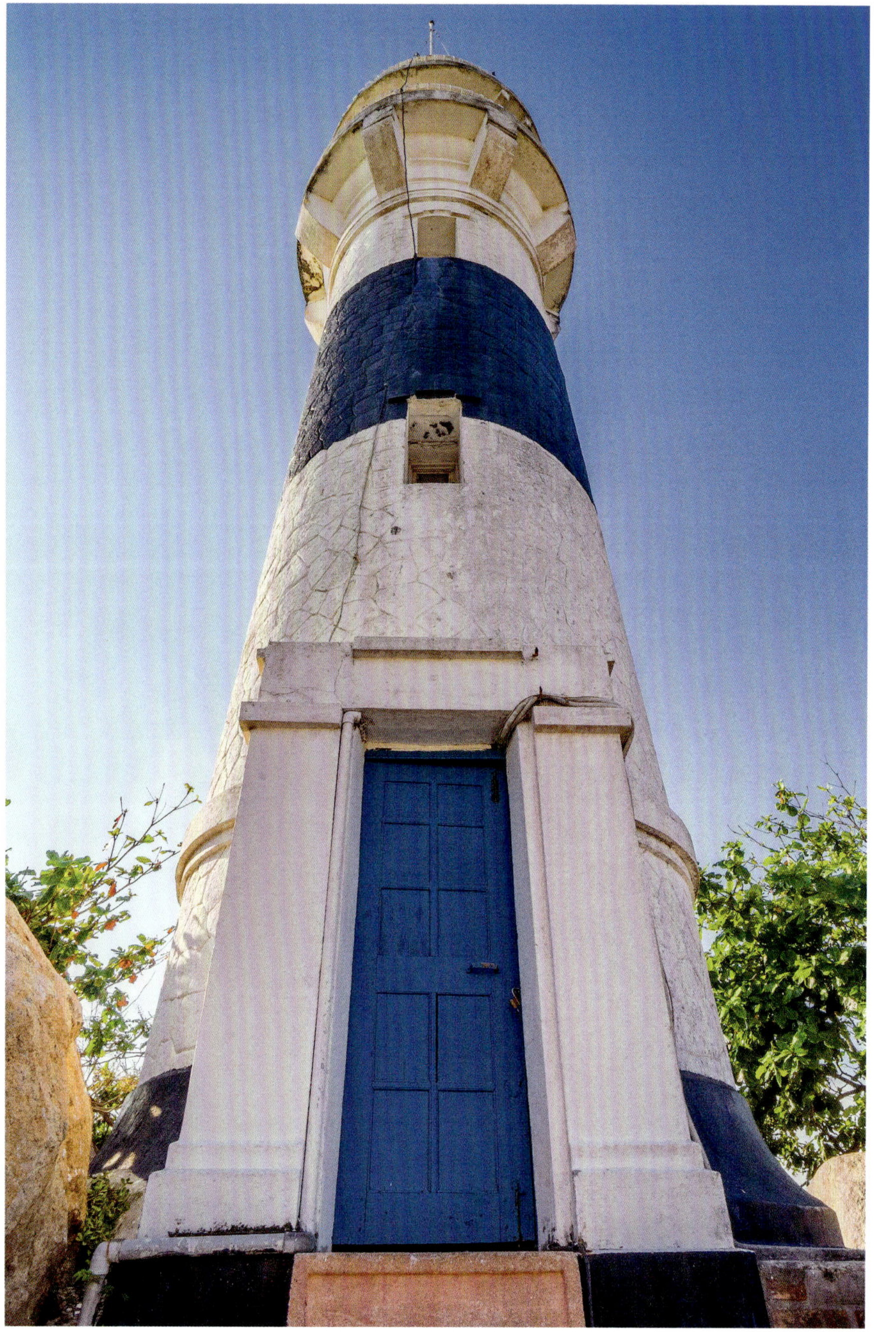

Leuchtturm Telaga Harbour

Das Baujahr dieses Leuchtturms, der unter lokaler Schirmherrschaft als Hafenleuchtfeuer betrieben wird, ist nicht
bekannt. Es handelt sich um einen 12-seitigen, gerippten
Steinturm mit vertikalen, weißen Zierstreifen, etwa 22 m
hoch. Er sendet ein weißes Licht mit kurzer Reichweite aus.

Langkawi Island, Malaysia

Leuchtturm Cu Lao Xanh Island

Der 55 m hohe Turm, auch bekannt als Poulo Gambir,
wurde 1904 errichtet und 1984 renoviert. Er zeigt jetzt ein
schwarzes Tagesmarkierungsband und zeichnet sich auch
durch doppelte Rundgänge aus. Er sendet alle 15 Sekunden vier weiße Blitze aus.

Qui Nhon, Vietnam

Leuchtturm Cape Recife

Dieser achteckige, gemauerte Leuchtturm steht seit 1851
auf einem Felsenfundament und erhebt sich 24 m über
dem Strand. Die ursprüngliche Fresnel-Linse ist noch in
Gebrauch, obwohl sie inzwischen elektrisch beleuchtet ist.
Der Leuchtturm sendet ein kontinuierliches weißes Licht
aus, das durch lange weiße Blitze mit einem roten Bereich
verstärkt wird.

Port Elizabeth, Südafrika

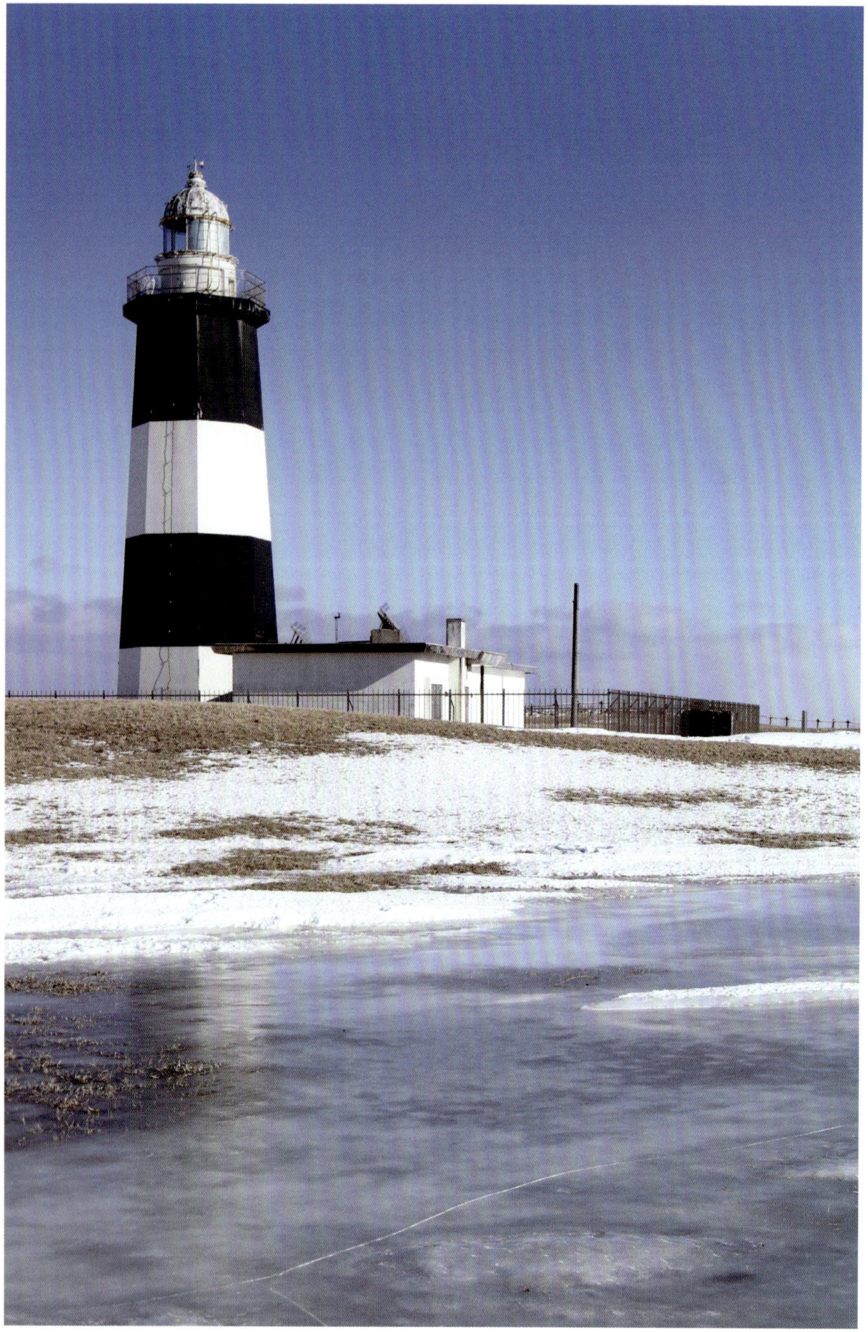

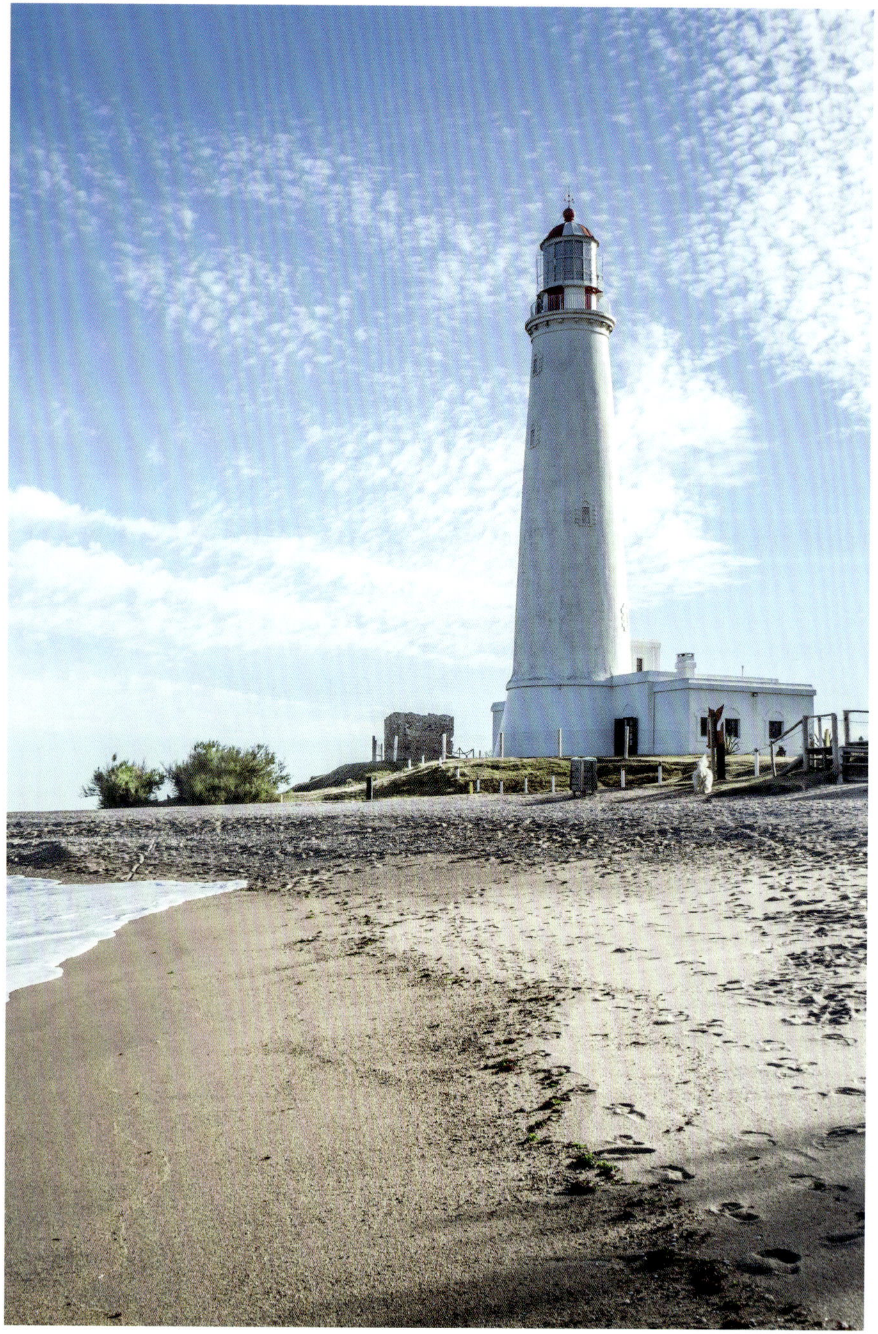

GEGENÜBERLIEGENDE SEITE LINKS

Leuchtturm Cape Notoro

Der stabile, achteckige Leuchtturm an der Spitze einer Klippe wurde 1917 eröffnet, 1980 automatisiert und ist seit 1996 solarbetrieben. Das 21 m hohe Leuchtfeuer sendet alle acht Sekunden einen weißen Lichtblitz aus.

Hokkaido, Japan

GEGENÜBERLIEGENDE SEITE RECHTS

Leuchtturm La Paloma

Dieser 20 m hohe Leuchtturm mit Blick auf den Südatlantik wurde 1874 eröffnet. Er wurde 1976 zum Nationaldenkmal erklärt und wird bis heute von einem Wärter bewohnt. Er blinkt alle 60 Sekunden weiß auf.

Cabo Santa Maria, Uruguay

RECHTS

Leuchtturm Vieux Fort

Dieser 23 m hohe Leuchtturm an der Südspitze von Guadeloupe ist aus weißem Beton gebaut und wurde 1995 eröffnet. Er sendet zwei weiße Lichtblitze und dann einen einzelnen weißen Blitz im Abstand von 6 Sekunden aus.

Guadeloupe

Leuchtturm Dias Point

Dieser 28 m hohe Rundturm, der auf einem schmalen sechseckigen Sockel steht, wurde 1915 als Ersatz für einen niedrigeren Turm gebaut, der 1903 errichtet wurde und Robert Harbour in der Luderitzer Bucht markiert. Er sendet alle 10 Sekunden einen weißen Blitz aus.

Luderitz, Namibia

Leuchtturm Cape Leeuwin

Seit 1895 steht Australiens höchster Leuchtturm an der äußersten Südwestspitze. Er wurde aus weiß lackiertem Kalkstein gebaut und ist 39 m hoch. Die 1992 automatisierte 120V-Wolfram-Halogenlampe in einer Fresnel-Linse blinkt alle 7,5 Sekunden weiß auf.

Westaustralien

Leuchtturm Gadeokdo
East Breakwater

Mit einer Feuerhöhe von 38 m wölbt sich
dieser aus Beton gebaute Leuchtturm in
einem Viertelkreisbogen wie der Bug
eines Schiffes auf. Rot gestrichen, steht er
am westlichen Ende einer separaten Mole.
Sein Lichtstrahl ist ebenfalls rot und blinkt
alle 4 Sekunden.

Yeondo, Changwon, Südkorea

UNTEN

Leuchttürme Iho Tewoo Harbour

Diese beiden riesigen pferdeförmigen
Leuchttürme, die die Einfahrt zum Hafen
neben dem Strand bewachen, wurden
2009 als Hommage an das einheimische
Jeju-Pferd errichtet. Die 12 hohen Gebilde aus Beton sind rot und weiß und
leuchten im Abstand von sieben Sekunden rot und grün auf.

Jeju Island, Südkorea

OBEN

Leuchtturm Ban Tha Thewawong

Ein weißer Turm trägt ein breites quadratisches Oberteil mit einer Aussichtsplattform, die von einem Laternendeck unter tempelartigen Dächern überragt wird. Die Gesamthöhe beträgt 39 m. Der 2012 erbaute Leuchtturm wurde privat gewartet und ist nachts beleuchtet. Außerdem strahlt er alle 3,3 Sekunden einen weißen Lichtblitz aus.

Koh Sichang, Chonburi-Provinz, Thailand

OBEN

Kontrollturm Jeddah Port

Die 1990 fertiggestellte 131,4 m hohe Anlage ist einer der höchsten Leuchttürme der Welt und verfügt über eine Licht- und eine Aussichtsplattform. Im futuristischen Stil aus Stahl und Beton gebaut, enthält der Turm Aufzüge für Personal und Besucher. Er sendet alle 20 Sekunden drei weiße Blitze aus.

Saudi-Arabien

OBEN

Leuchtturm Hamel

Dieser Leuchtturm, ein gerippter Betonturm am Ende einer Mole im Hafen von Yeosu, ist nach einem Holländer benannt, der hier 1635 Schiffbruch erlitten hat. Er wurde 2005 errichtet, ist 10 m hoch und sendet alle fünf Sekunden einen roten Lichtblitz aus. Die Seiten sind mit einer Beschriftung in koreanischer Hangul-Schrift geschmückt.

Yeosu, Südkorea

OBEN

Leuchtturm Umhlanga Rocks

Von 1869 bis 1954 stand hier der Bluff-Leuchtturm, dann wurde das heutige Automatikleuchtfeuer errichtet. Der 21 m hohe, runde Turm verfügt über ein feststehendes rotes Licht, um Schiffe zu warnen, und sendet alle 20 Sekunden drei weiße Lichtblitze aus.

Kwa-Zulu Natal, Südafrika

Leuchtturm Jamestown

Der erste Leuchtturm wurde hier 1871 erbaut; der heutige 28 m hohe Steinturm wurde um 1930 errichtet. Sein Renaissance-Stil verleiht ihm Charakter. Er wurde 2011 renoviert und erhielt sein rotes Tagesmarkierungsband sowie ein solarbetriebenes TRB-220-Rundumlicht (vier weiße Lichtblitze alle 25 Sekunden). Die spiralförmige Eisenbalustrade der Steintreppe des Leuchtturms ist im Bild rechts dargestellt.

Accra, Ghana

Leuchtturm Vizhinjam

Dieses Bild zeigt das Innere des 36 m hohen, modernen Leuchtturms, der 1972 aus Beton im traditionellen Leuchtturmdesign gebaut wurde. Seit einer Renovierung im Jahr 2016 können die Besucher in einem Aufzug hinauffahren; er ist der vierte indische Leuchtturm mit einer solchen Ausstattung. Sein starkes Licht blinkt alle 15 Sekunden weiß.

Kovalam Beach, Kerala, Indien

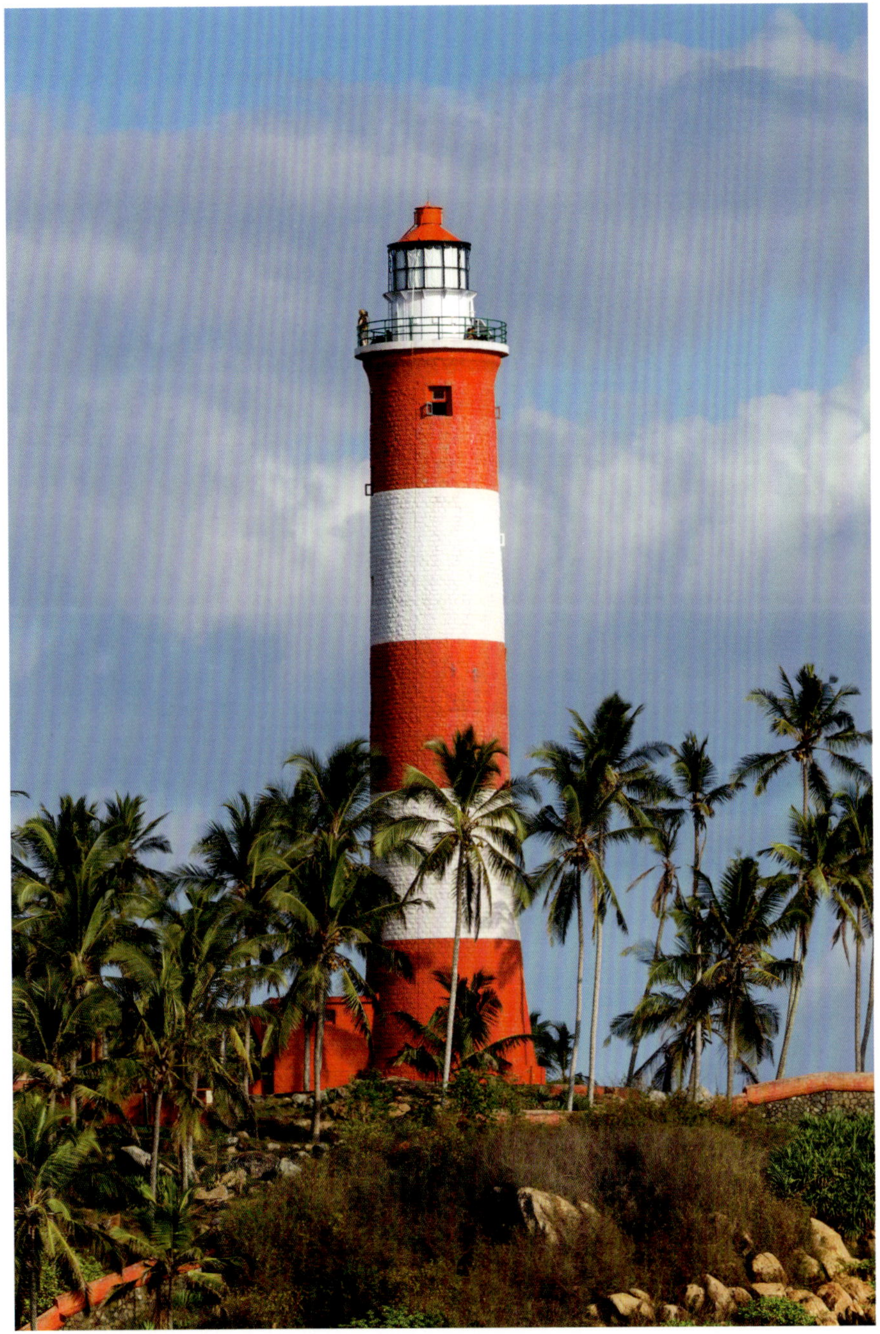

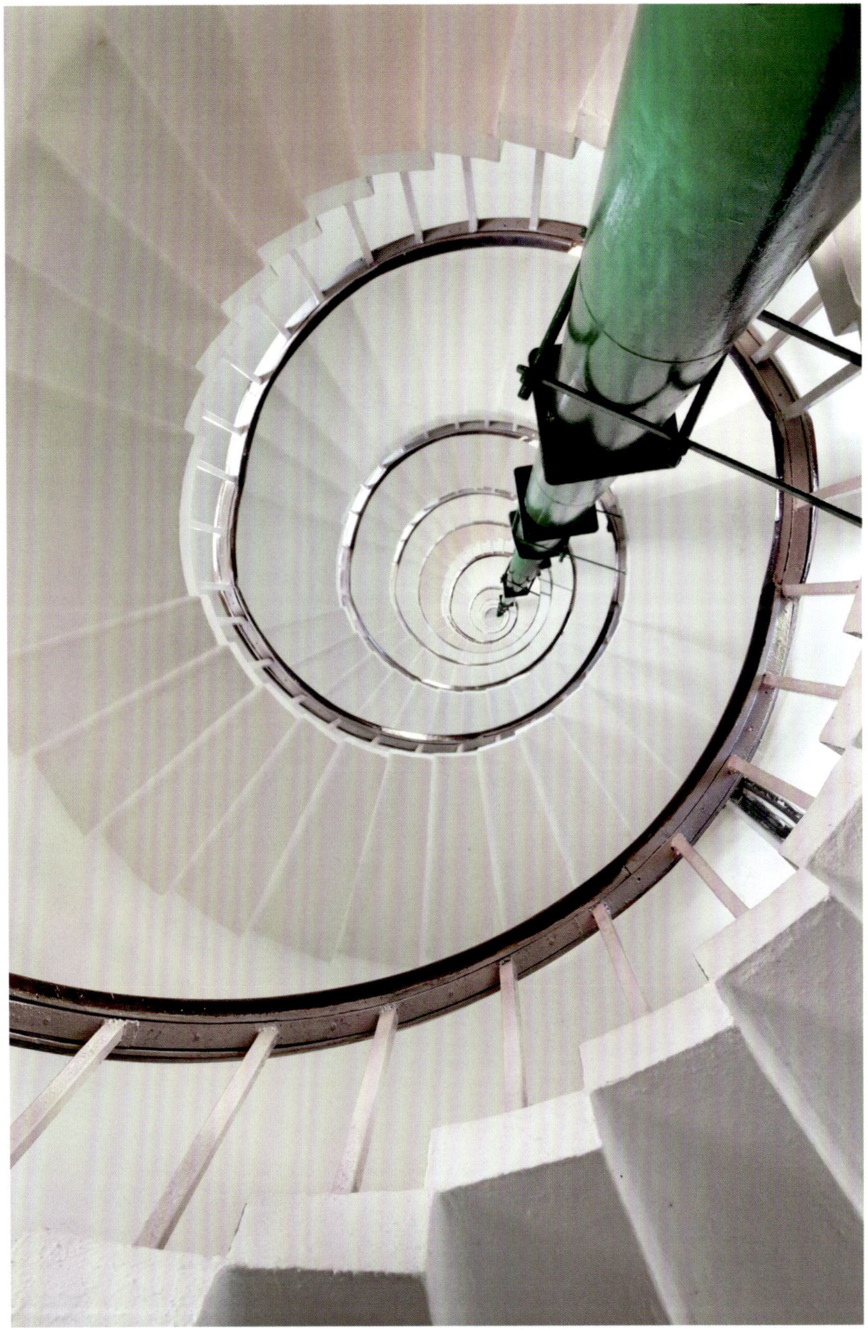

GEGENÜBERLIEGENDE SEITE

Leuchtturm Punta Palanquete

Die meisten venezulanischen Leuchttürme sind modern; dieser, auch bekannt als Punta Brasil, steht auf einer unbewohnten Insel und stammt aus dem Jahr 2004. Er ersetzte eine Betonmastleuchte und besteht aus 12 m hohem Glasfasergewebe mit orangefarbenen und weißen Tageszeichenbändern. Das Signal ist ein weißer Blitz alle 8 Sekunden.

Isla de Cubagua, Venezuela

OBEN

Leuchtturm Cap Andranomody

Dieser Leuchtturm ist ein modernes Gebäude, wahrscheinlich aus den 1960er-Jahren, und steht zwischen felsigen Inselchen im Norden Madagaskars, vor Cap Miné. Der 2010 neu lackierte und renovierte achteckige Betonturm mit einer Höhe von 10 m strahlt ein kontinuierliches rotes Licht aus.

Antsiranana, Madagaskar

UNTEN

Leuchtturm Roman Rock

Dieser auf einem Felsen vor dem Simon's Town Harbour gelegene Turm wurde 1861 eingeweiht. Er ist 14 m hoch, aus Gusseisen mit einer Glasfaserkuppel. Alle 6 Sekunden sendet er einen weißen Lichtblitz aus. Auf der angefügten Konstruktion befinden sich Solarmodule und ein Hubschrauberlandeplatz.

False Bay, Südafrika

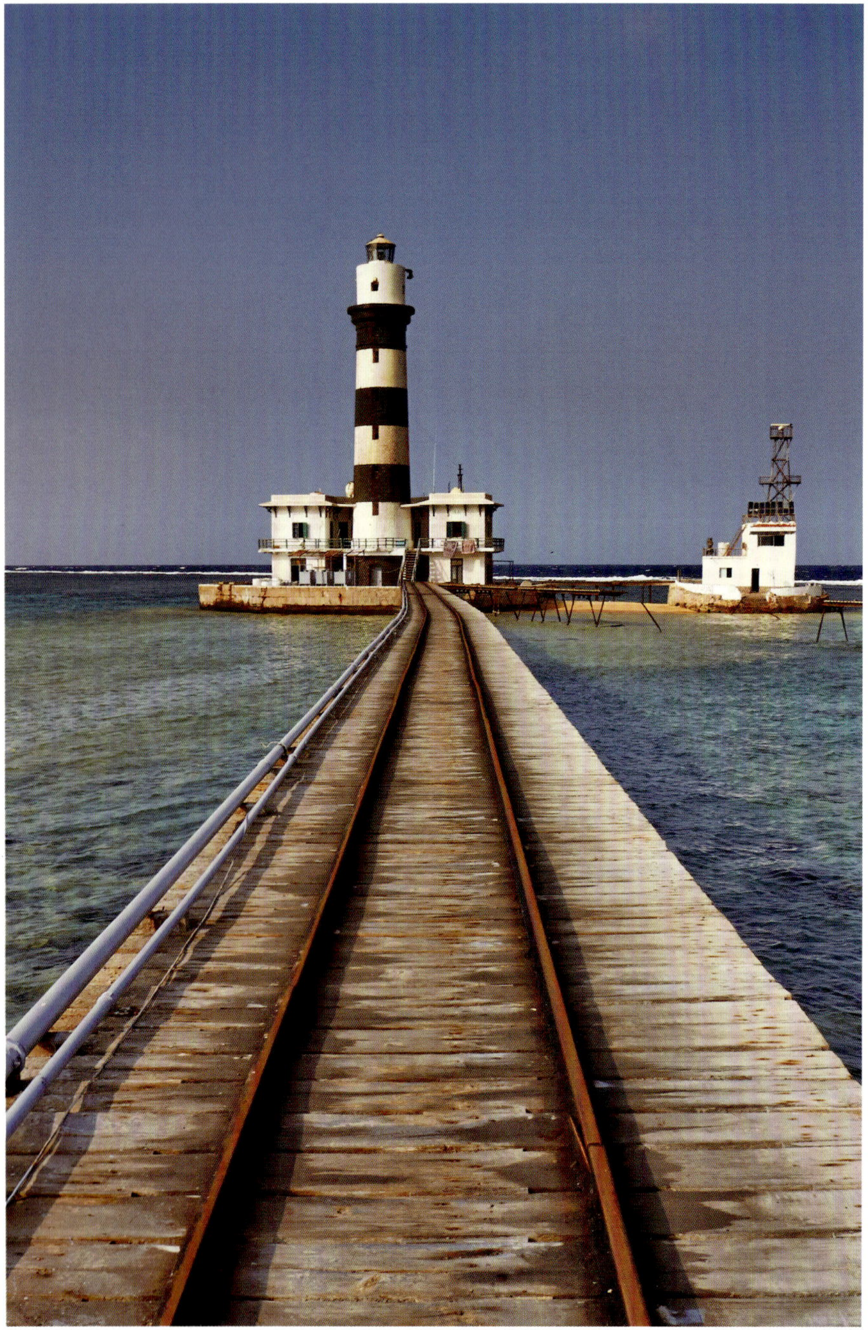

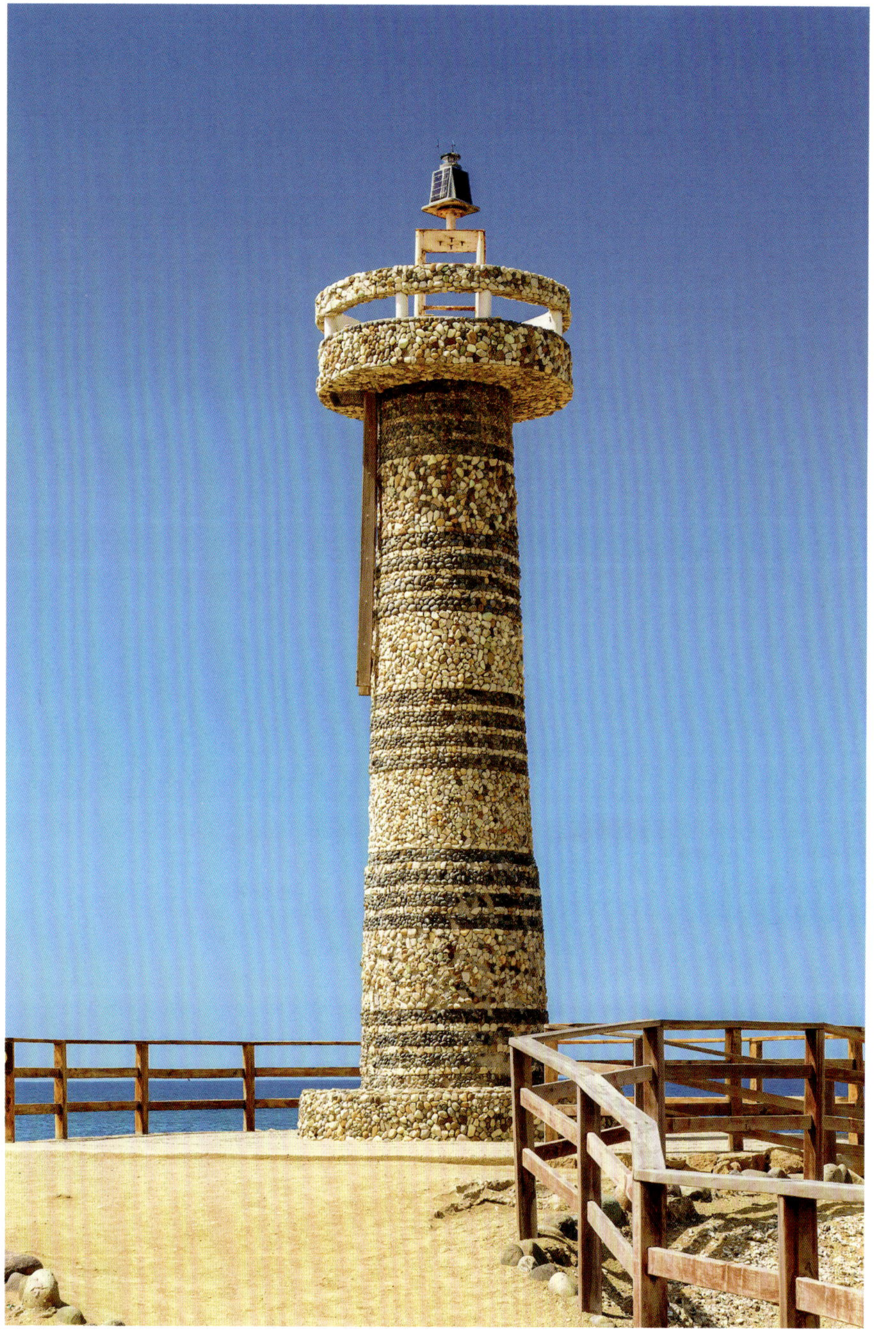

GEGENÜBERLIEGENDE SEITE LINKS

Leuchtturm Abu el Kizân

Nach der Eröffnung des Suezkanals wurde hier 1863 erstmals ein Metallturm errichtet. Er wurde 1931 durch diesen 30 m hohen Steinturm ersetzt. Sein langer Steg reicht bis zu einer Anlegebrücke. Die 1993 generalüberholte Fresnel-Linse gibt alle 12 Sekunden drei weiße Lichtblitze ab.

Daedalus Reef, Rotes Meer, Ägypten

GEGENÜBERLIEGENDE SEITE RECHTS

Leuchtturm La Chocolatera

Am westlichen Ende Ecuadors steht dieser beliebte Aussichtspunkt über die Pazifikküste. Der 6 m hohe, massive, mit Kieseln verkleidete Betonturm stammt aus der Zeit um 1960. Eine externe Leiter ermöglicht den Zugang zur Leuchte, die alle 10 Sekunden weiße Lichtblitze aussendet.

Salinas, Ecuador

RECHTS

Leuchtturm Cape Point

Dieser quadratische Steinturm löste 1919 den 1861 errichteten Leuchtturm ab, der zu hoch stand. Seine Fokushöhe beträgt 87 m und er zeigt zwei weiße Blitze, gefolgt von einem dritten alle 30 Sekunden. Ein durchgehendes rotes Licht leuchtet an der Basis des Turms.

Kap der guten Hoffnung, Südafrika

REGISTER

Erstveröffentlichung unter dem Titel:
„Lighthouses"
© Amber Books Ltd, 2018

tosa GmbH
Industriestraße 19
64407 Fränkisch-Crumbach 2019
www.tosa-verlag.de

Projektleitung: Sarah Uttridge
Design: Zoë Mellors
Bildrecherche: Terry Forshaw
Übersetzung, Satz und Umschlaggestaltung:
design cat GmbH

ISBN 978-3-86313-350-4

Bildnachweis:

Alamy: Westland61 85

Dreamstime: Bryan Busovicki 120; David Lloyd 146; Dmitry Pichugin 175; Geoffrey Kuchera 132; Glenn Nagel 122; John Anderson 136; Juha M Kinnunen 98; Kimberly Greenleaf 129; Melissa Schalke 112; Pedro Antonio Salaverria Calahonna 103; Redeyed 67; Rudi1976 140; Simone Re 90; Steve Allen 62; Suzanne Tucker 152; Tomas Marek 111

Fotolia: Igor Yu 182

Shutterstock: 2630ben 180; aaabbbccc 187; aaron choi 181,170; Aleks Kend_f 96; Alexander Erdbeer 44; Alexey Lobanov 50; Alvov 110; Amy Collinso 49; Andre Bonn 19; Andrea Izzotti 171; Andreas Rose 9; Andres Garcia Martin 91; Andris Barbans 92; Ann-Britt 87; AnSuArt 129; anthony heflin 155; anyaivanova 114; Aphotog 101; Artem Gukasov 102; Arth63 97; Arthur Villator 151; Ballygally View Images 57; beckart 26; beltsazar 161; bensliman hassan 95; Big Joe 149; Bildagentur Zoonar GmbH 23,80; 99,11,78,80; BlackMac 169; Blacksheep21 171; BMJ 99; Brian Dicks 72; BST Photos 125; Bullwinkle 67; canadastock 16; catalin eremia 115; Cathy Withers-Clarke 187; cfheh 17; Chris Frost 43; Chris Hoff 22; Connor Devine 68; DaLiu 89; Dan Kosmayer 154; Dana Ward 184; David A Knight 158; David Gonzalez Rebollo 172; David Majestic 140, 141; David Purchase Imagery 142; Denise LeBlanc 144; Dennis van de Water 96; digidreamgrafix 137, 132; Dirk Jan Verkuil 180; dleeming69 64; DMC Photogallery 40; DMHai 176; Dmitry Rukhlenko 185; Doris Oberfrank-List 33; Doug Lemke 153; Douwmamaria 34; Eddi_m 21; Elaine Quirk 39; Elpisterra 30; Emilia Dziuba 92; Empirephotostock 65; Erik AJV 112; f11photo 124; Flaviya 79; Fluechter Photography 15; fokke baarssen 100; Four Oaks 177; Franny Constantina 160; FRDMR 18; FreeProd33 94; Gabriela Insuratelu 55; Gail Johnson 38, 61; Geri Lynn Smith 148, 149; Glass and Nature 138; gontabunta 178; Greg Brave 168; Harald Lueder 22; Haver 103; Helen Hotson 60; Henryk Sadura 93, 105; I. Noyan Yilmaz 189; Ian Good 74; ian woolcock 42; Igor Grochev 181; Inbound Horizons 123; IndustryAndTravel 18; ischte 34; Ivan Stanic 127; Ivaylo Pankov 150; Ja is so flytif 184; James Trezise 164; Jan Miko 57; Jan Schneckenhaus 20; jax10289 49; Jay Yuan 116; Jeffrey Govender 183; Jimmy Tran 173; JMcKinlay87 70; Johann Stubhan 82; John Carnemolla 167; John McCormick 119; Jordi C 113; Jorge Moro 146; Jos Pannekoek 88; JP Hausberg 14; Juergen Wackenhut 26, 27, 28 ,28; JuRitt 188; K. Arjana 166; kamira777 107; Kenneth Keifer 147, 147; KH-Pictures 15; Knaufb 25; kropic1 137; Ksenia Ragozina 178; Kyle Kephart 133; Leighton Collins 63; Leo Pinheiro 58; leolintangtif 175; LGieger 24; LianeM 29; LighthunterWS 86; Lillian Tveit 115; loneroc 97, 82; Lukassek 46; lunamarina 163; Lynn Yeh 134; magati.pl 56; Manfred Schmidt 138; Manuela Durson 124; Marc Venema 21; MarcAndreLeTourneux 50; Marcus_Hofmann 32; Marek Poplawski 188; Maren Winter Cover front, 29; Maria_Janus 54; Mark Caunt 38; Massimo Santi 92; Max Lindenthaler 128; MC2000 48; melissamn 130; melissamn 152; Menno Schaefer 105; mese.berg 10; Michael Thaler 9; Mike Ver Sprill 5; moglimoglzahn 8; muein mahadi 176; nadtochiy 106; Nathapon Triratanachat 182; Nick Fox 42; Nickolay Khoroshkov 154; Nigel Jarvis 40; Nikolaj Alexander 174; Oleg Voronische 83; Oliver Hoffmann 13, 179; P Meybruck 151; Paolo Costa 186; Paul Prescott 81; Paul Robinson 53; Pawel Kazmierczak 6; Peter Krocka 58, 71, 73; PHB.cz (Richard Semik) 145; Philip Bird LRPS CPAGB 66; Philip Ellard 75; philip80 183; PhilMacDPhoto 69; Pi-Lens 126; Pikoso.kz 185; PlusONE 35; Quality Master 168; R.M. Nunes 158; Radomir Rezny 64; Radoslav Kellner 78; Ralf Broskvar 120; Ramon Clausell 118; Ramunas Bruzas 145; Randy Kostichka 126, 143; Richard Bowden 36; ricok 88; Rob Crandall 63; Ronnie Chua 144; Rosa Creanza 139; Roxane Bay 121; Ryan R Fox 118; Salvador Aznar 160; San Hoyano 162; Scottie Nguyen 135; Sean Pavone 131, 134; Sebastien Coell 55; SergeBertasiusPhotography 51; Sergey Uryadnikov 123; ShaunTurner 70; ShDrohnenFly 12; Sherri R. Camp 128; Shzphoto 53; silvergull 68; Simon Burt 47; sixpixx 4; slowstep 165; Smelov 109; Snowshill 72; Spumador 45; Stanislaw Zurek 52; Stefano Ember 162; Stephane Bidouze 95; Stephen Power 44, 59; Steve Sidepiece 91; structuresxx 156; Superschwartz 47; sweasy 25; T-Design 7; Targn Pleiades 45; Teodor Ostojic 81; Thomas Skjaeveland 101; Thorsten Schier 31; Tilo G 30; Tompi 86; travelview 130; Uwe Mueller 54; V J Matthew 142; Vicky L Heesch 159; Viktor Hladchenko 161; VladimirE 109; Volker Rauch 10; VUS Photography 165; Watkeysphoto 41; wiwsphotos 17; z-l e x 104; Zacarias Pereira da Mata 76; Zoltan Totka 108